내 마음의 성채

내 마음의 성채
ⓒ 들녘 2005

초판 1쇄 발행일　| 2005년 4월 18일

지은이	앙트완 드 생텍쥐페리
엮은이	이상각
펴낸이	이정원
펴낸곳	도서출판 들녘

등록일자	1987년 12월 12일
등록번호	10-156
주소	서울시 마포구 서교동 394-14,15 명성빌딩 2층
전화	마케팅 02-323-7849	편집 02-323-7366
팩시밀리	02-338-9640
홈페이지	www.ddd21.co.kr

값은 뒤표지에 있습니다. 잘못된 책은 구입하신 곳에서 바꿔드립니다.
ISBN 89-7527-476-4(04860)

내 마음의 성채 城砦
citadelle

앙트완 드 생텍쥐페리 / 이상각 엮음

Antoine de Saint-Exupéry

내 마음의 성채
城 砦
citadelle

나의 이야기 | 9
우리는 모두 어디로 가는가 | 11
연민은 없다 | 13
내 아버지는 신이었다 | 16
아버지와의 대화 | 18
인간은 나무와 같다 | 20
사랑에는 미래가 없다 | 22
인간의 성채를 지으라 | 25
사람들은 집에서 살고 있다 | 27
지배자의 논리 | 29
인간의 배 | 31
창조는 영원의 징표다 | 33
슬픔의 본질 | 36
밤의 환상과 실제 | 38

제국의 자비 |44
지배자는 심판받지 않는다 |47
교환의 의미 |49
열정의 제국을 만들라 |51
돌아가고 싶은 사람들 |53
인간의 조건 |55
대장장이와의 대화 |58
평등이란 없다 |60
반역의 조짐 |62
권력의 실체 |65
이길 수 없는 전쟁 |68
너의 곳간을 바꾸어라 |71
다른 사람을 섬김으로써 |73
범법자들의 힘 |75
미래는 현재에 없다 |77
변신을 위하여 |80
건축가와의 대화 |82

역사의 그림자를 좇지 말라 |84
운명은 예측되지 않는다 |87
죽은 도시 |89
정신의 날개를 펴게 하라 |91
교육자들에게 고함 |93
지극히 부자이며 지극히 가난한 존재들 |95
꽃을 보면 나무를 안다 |97
밤을 서성이는 사람들 |99
창조란 맨 처음에는 잔인하다 |100
나의 자유인들을 보라 |102
그대는 성장하는 사람이다 |105
제왕의 친구 |107
꽃은 금이 가지 않았다 |110
모든 변혁은 고통스럽다 |112
보이지 않는 힘 |115
여자들의 허영 |117
창조는 함께 하는 것이다 |119
침묵의 찬가 |120
미인과 거짓말 |122
논쟁의 효용 |124
고통이란 거름과 같다 |126
신을 지향하는 나무 |128
신세대와의 소통 |129
다수의 판단을 경멸하라 |131

내가 여자를 경계하는 이유 | 132
사랑의 본질 | 135
현재를 바로세워라 | 137
불행하다고 믿는 사람들에게 | 139
도자기에 얽힌 단상 | 141
노동과 여가 | 143
광고 | 146
존재의 신화 | 147
승리의 갈등 | 149
신과의 대화 | 151
죽음에 이를 때까지 | 153
친구 | 154
창녀에 대하여 | 157
완전한 여자 | 159
기하학자와의 대화 | 161
신은 존재한다 | 166
영원으로 가는 길 | 168

지친 영혼에게 바침 | 169
그대를 부르는 소리 | 172
우상을 부수리라 | 174
신성 | 176
법 | 179
제국의 의미 | 180
진정한 해방 | 183
가치 있는 속박 | 186
존재하는 것은 모두 자유롭다 | 188
사랑을 위하여 | 190
의식의 힘 | 192
삶의 표절 | 194
의사 소통의 경계 | 196
간수들의 예지 | 198
기하학자들의 진리 | 199
속박 | 202
잠든 보초를 바라보며 | 203
정복한다는 것은 | 206
잃음으로써 얻는 것 | 208
도시의 사람들 | 210
예언자와의 대화 | 213
배반 | 216
홀로 있는 그대에게 | 219
고독의 기도 | 221
제국의 희망 | 223

영예 |226

삶의 퇴고 |227

신중함 |228

사막의 주인들 |230

제국의 척후병이여 |231

고행의 열매 |233

여왕의 병사 |234

문장 |236

행복으로 가는 길 |238

마음에 호소하는 품격 |239

헌병 |241

공동체 |244

자신을 움직이는 원천 |245

낯선 이들과의 교감 |247

이성이라는 이름의 함정 |249

무엇이 세상을 이끄는가? |251

사랑의 조건 |254

다음 세대를 위하여 |256

제국의 공무원들 |259

그대는 변화하는 사람이다 |260

엘크수르의 기적 |261

감사의 기도 |264

신비의 오아시스 |266

어린아이의 힘 |270

성벽을 허무는 법 |272

불의 |274

죽음 |275

밤 |276

문명 |278

눈을 뜨고 사물을 다시 보라 |280

사랑을 위하여 |282

나의 병사들에게 |284

짧은 명상 |285

거짓말쟁이 세상 |286

나무는 과일을 익게 하고 |287

통치 |289

자신의 배를 만든 사람들 |293

해방의 아침 |295

새 날 |297

나의 별에 다다라 |298

엮은이의 말 |300

나의 이야기

나는 베르베르의 왕이다. 나는 사랑의 왕이며 제국의 상징이다. 나의 친구는 천형天刑과도 같은 고독, 그것뿐이다.

남부 사막.

그 황량한 대지를 떠돌던 내 제국의 삶은 투쟁의 역사로 점철되어 있다. 피와 땀, 생존은 우리의 삶 그 자체다. 그러나 나의 백성들은 무더운 야영지의 천막 안에서도 평화와 행복을 꿈꾸고 있다.

그들은 아버지와 아들, 어머니와 딸에게서 이어져 내려온 진한 연대감으로 오래 전부터 부족을 이루었고, 그 순수한 혈통의 빛깔을 영구히 지키고 싶어했다. 때문에 그들의 내면에는 어떠한 핍박, 어떠한 패배에도 굴하지 않는 강인한 생명력이 자연스럽게 형성되었다. 하지만 나는 그들의 정신이 완벽하다고 생각지 않는다. 영속하는 인간의 삶 속에서 대체 완벽이란 무엇이란 말인가. 설령 그것이 존재한다 한들 주변에서 들개처럼 사나운 시선으로 노려보고 있는 이방인들의 위협 속에서 어떻게 그 참된 본성을 지켜낼 수 있겠는가.

그러므로 우리의 성채는 언제나 위험하다. 아아, 어찌하면 저들의 심장에서 일렁이는 염려와 공포를 없애줄 수 있을까. 어찌하면 저들의 피와 눈물을 빼앗기지 않도록 온전히 지켜줄 수 있을 것인가.

나는 제국의 왕으로서 언제나 이러한 고뇌에 시달렸다. 그리하여 어느 날 아침 나는 사막의 모래바람 속에서 옷깃을 나부끼며 일어섰다. 드디어 나는 사랑하는 사람들의 가슴속에 굳센 성채를 지어주기로 결심했다. 그것은 곧 우리 백성들에게 시들지 않는 창조의 기반을 쌓아주려는 제국의 의지였다.

우리는 모두 어디로 가는가

　야영지의 북쪽.
　아득한 사막 저편에는 그대들의 입에서 입으로 오랫동안 전해진 비옥한 오아시스가 있다. 그곳의 신비스러운 성곽 안에는 미개한 종족들이 자신들만의 문화를 누리며 살고 있다. 나는 백성들과 함께 그 오아시스를 향한 머나먼 원정을 나서기로 했다.
　'그 풍요와 평온함을 빼앗아 너희에게 주리라.'
　드디어 나는 깃발을 들어올렸다. 내 백성들에 대한 사랑과 욕망이 모래바람 속에 휘황한 저 지평선을 향해 첫발을 내딛게 된 것이었다. 그때 이미 나는 알고 있었다. 그들과 함께 해야 하는 그 기나긴 동반이 얼마나 나 자신을 지치게 할 것인가를……
　끝도 없이 이어질 만남과 투쟁, 분쟁과 이간, 협상과 대화들이 저 시공 속에 준비되어 있다는 것을…….
　우리가 가는 길에는 언제나 수많은 장벽들이 존재한다. 언제나 잘난 체하는 논리학자, 기하학자, 고지식한 대수학자代數學者, 장군, 경찰, 간수, 문둥병자, 창녀, 여왕의 병사들……. 하지만 아무리 불안한 영혼의 소유자라 할지라도 그들은 나의 제국이며 백성들이 아닌가.

이제 나는 오랜 여정을 통해 그들이 갖고 있는 허영과 무지, 교만과 탐욕, 공포의 성문을 닫아주어야 한다. 그들 자신이 누구인가를 깨닫게 해줘야 한다. 누군가를 위해 자신의 별을 떠나 미지의 세계로 향하는 일은 행복하면서도 불안하다. 하지만 사랑이 있는 한, 그들과 함께 길들여지기 위해서는 잠시라도 발길을 멈출 수 없다. 이 여정은 나와 내 제국에 빛나는 창조의 씨앗을 뿌리는 과정이다. 그러므로 끝이 보이지 않는다고 첫걸음을 내딛지 않을 수 없다.

나는 알고 있다. 우리는 결국 그곳에 다다르리란 것을, 온갖 희생과 절망 속에서 나는 그들이 소망하는 안식을 손에 쥐여주리라는 것을……. 또한 나는 알고 있다. 종국에 이르면 내가 성채의 맨 꼭대기에 서서 그들에게 이렇게 말하리란 것을…….

"나는 나의 별로 돌아가련다. 세대에서 세대로 이어지는 창조의 힘, 그것은 이제 나의 몫이 아니다. 나는 다 이루었으므로, 너희가 다시 땅을 일궈라."

꧁ 연민은 없다

 나는 연민이 인간의 정도正道를 그르치는 꼴을 너무나 많이 보아왔다. 그러므로 나는 선언한다. 연민은 절대로 용서되어선 안 된다. 단지 측은한 시선만으로 족하다.
 제국의 지배자인 나는 틈틈이 동정을 받을 만한 대상을 찾아내 관용을 베풀어야 한다. 그건 제왕에게 주어진 하나의 책무이기 때문이다. 그러기에 나는 제일 먼저 가난한 인간의 마음을 읽어내는 방법을 배웠다. 하지만 나는 대개의 여자들이 겪는 가슴앓이 따위에는 결코 연민의 정을 느끼지 못한다. 빈사 지경에 이르렀거나 이미 숨이 멎어버린 사람의 경우도 마찬가지다. 그들에게 무슨 연민의 정을 느껴야 하는가. 그것은 아무런 가치도 없는 일이다.
 한때 나는 부스럼 투성이의 거지들에게 관심을 기울인 적이 있었다. 젊음의 혈기로 가득 차 있던 나는 그들에게 자선을 베푸는 사람들을 격려하고, 상한 피부를 덧나지 않게 하는 효능을 가진 진귀한 향유와 약을 대상隊商들에게 사서 건네주곤 했다. 그러나 얼마 지나지 않아 이러한 동정심이 무가치하다는 것을 깨닫고 나서부터 다시는 그런 짓을 하지 않았다.

거지들은 나의 연민이나 배려에는 아무런 관심도 기울이지 않았다. 그들은 거꾸로 자신의 살갗을 심하게 긁어대고는, 그 위를 길가에 널브러져 있는 진흙이나 짐승의 똥으로 비벼대곤 했다.

한편으로 그들은 부자들이 사치에 매달리듯 자신들의 악취와 부스럼에 어떤 애착을 갖고 있는 것처럼 보였다. 더구나 그들은 더러운 자신들의 상처를 내보이며 동냥받은 돈을 서로 자랑했다. 그 중에서 가장 많이 적선받은 거지는 그들 세계에서 마치 성당의 대사제와 같은 존재로 군림하는 것만 같았다. 이런 그들에게 누군가가 가여운 마음을 품고 몸을 씻어준 다음 약을 발라줄 양이면, 그들은 자신이 매우 중요한 존재라도 되는 것처럼 어깨를 으쓱거리곤 했다. 하지만 얼마 지나지 않아 약의 효험이 나타나 부스럼이 없어지고 악취마저 희미해지기라도 할라치면 그들은 자신이 무리에서 소외되었다고 생각하는 것이었다.

그 다음에는 뻔하다. 그때부터 그들은 동냥의 가장 중요한 무기인 부스럼이 다시 생기도록 하기 위해 무슨 짓이든 서슴지 않는다. 그리하여 마침내 그 험한 육체에 자줏빛 꽃이 찬란하게 피어나면 그 위대한 거지는 잃어버렸던 자신의 소중한 명예를 회복한 듯 자랑스런 몸짓으로 거만하게 쪽박을 들고는, 신의 이름을 들먹이며 구걸 행각에 나선다.

하나의 전쟁이 끝난 후 나는 여인들이 전사들의 죽음을 슬퍼하며 눈물 흘리는 광경을 본 적이 있다. 그런데 싸늘한 시신보다 그녀들을 더욱 슬프게 만드는 것은 살아 돌아온 사람들이었다.

당신은 전쟁터에서 살아 돌아온 자들이 거들먹거리며 자신들의 무훈을 뽐내느라 소란 떠는 꼴을 보았을 것이다. 그들은 자신들에게 그 무시

무시한 종말이 왔을 수도 있었다고 외치며 동료들의 죽음을 자신들의 훈장인 양 과시하곤 했다.

나 또한 그들처럼 젊은 시절, 적과 싸우다가 생긴 이마의 상처를 자랑처럼 내보이며 다닌 적이 있었다. 죽은 전우의 시체와 그들이 겪은 절망이 모두 자신의 것인 양 떠벌리며 고향으로 금의환향했던 것이다. 그런데 실제로 피를 토하거나 튀어나온 내장을 움켜쥐고 안간힘을 쓰면서 죽음의 신과 대면하는 사람들이 발견하는 진리란 단 한 가지뿐이다. 그것은 죽음이란 결코 두려운 것이 아니라는 것이다.

그 순간 육체는 무용지물이 되고 더 이상 사용할 수 없어진 고장난 도구처럼 느껴진다. 의식은 밀물과 썰물처럼 그 육체에서 오락가락하기 시작한다. 그 기억의 조수는 마음의 해초를 끌어올렸다가 다시 물에 잠기게 하며, 오래도록 잊혀졌던 애정에 생기를 띠게 한다. 그렇지만 그것은 결정적으로 자신의 죽음을 예비하는 과정이다. 그렇게 평정을 되찾은 마음은 결국 신의 흔적을 찾아가게 마련이다. 우리의 전사들은 결코 두려움 없이 죽음을 맞이했던 것이다.

내가 왜 그들에게 연민을 느껴야 하는가. 왜 나는 그들이 인생을 마감하는 장면에서 눈물을 짜내며 쓸데없이 시간을 낭비했던가. 그들은 절망하지도, 고통스러워하지도 않았다. 다만 떠나갔을 뿐이다. 그러므로 살아남은 자들이 떠벌릴 슬픔이란 본래 없다.

🌿 내 아버지는 신이었다

나는 죽음의 극치를 너무나 분명하게 목격한 적이 있다. 열일곱 살 때였다. 사람들이 어떤 소녀를 내게 데려다주었는데, 그녀는 이미 어둠의 세계로 나아가고 있는 중이었다. 그녀는 영양처럼 달리고 난 뒤였는지 가쁜 숨을 몰아쉬며 참으려 해도 참을 수 없는 기침을 옷섶에다 쏟아냈다. 그러면서도 그녀는 애써 넘어오는 숨결을 참으며 내게 미소를 지어 보였다.

아아, 그때 그녀의 미소는 강변의 산들바람이었다. 그 미소는 꿈의 날개였으며, 물가를 가늘게 날아가는 백조의 순결하고 고아한 흔적이었고, 그 백조의 깃에서 뿌려진 투명한 물방울이었다.

내 아버지의 죽음 또한 그러했다.

찬란한 인생을 마감하고 돌이 되어버린 아버지. 암살자의 날카로운 단검은 아버지의 육체에 덧없는 종말을 안겨주지 못하고, 오히려 그를 위엄으로 충만케 했다. 그 삶과 죽음의 갈림길에서 암살자는 두려움에 머리카락이 일순 하얗게 세어버렸다고 한다.

그는 자신의 칼로 인한 희생자가 아닌, 제국의 왕이었던 아버지가 스스로 만들어놓은 침묵의 덫—거대한 대리석 관과 마주한 살인자는, 죽은 이가 꼼짝도 하지 않고 있다는 사실 하나 때문에 새벽까지 그 관 앞에 고개 숙여 엎드려 있었다. 그리하여 단숨에 영원의 시간 속으로 떠난 아버지는 숨을 거두었으면서도 다른 사람의 마음을 사흘 동안이나 멈추게 해놓았다. 그를 땅에 묻고 나서야 비로소 우리의 혀가 풀렸다.

그는 통치하지 않으면서도 커다란 힘을 과시할 수 있었던 위대한 인물이었다. 그리하여 우리는 그를 진실로 매장하지는 못했다. 그는 위대한 대지의 신처럼 이 제국의 뿌리가 되어 땅 속에 봉인되었을 뿐이다.

내게 죽음을 가르쳐주고, 어린 시절 나를 그와 같은 죽음을 직시할 수 있게 해준 이는 바로 아버지였다. 아버지는 내 앞에서 한순간도 눈빛을 흐트러뜨린 적이 없었다. 어쩌면 아버지는 독수리의 피를 가진 인간이었는지도 모른다.

🌿 아버지와의 대화

　시간 속에 용해되고 모래로 화해버린 세월이 삼켜버린 유령들을 내가 발견한 것은, 아버지가 죽음을 가르쳐주기 위해 나를 말에 태워 어디론가 데려갔을 때였다. 내 눈에 막연한 의혹이 비치는 것을 본 아버지는 짧게 입을 열었다.
　"그곳에는 샘이 있다."
　마침내 우리는 그 샘에 다다랐다. 샘은 굉장히 깊었기 때문에 단 하나의 별빛밖에 받아들이지 못할 지경이었다. 그러나 샘의 밑바닥은 진흙까지 이미 굳어버렸으므로 그 안으로 스며들어간 별은 빛을 잃어버렸다. 하늘에서 별빛이 사라지면 샘은 마치 복병처럼 길 가는 대상들을 무더기로 함몰시킬 수 있을 것처럼 보였다.
　문득 나는 이 좁다란 샘의 통로로 사람들과 가축들이 산 채로 스러져가는 순간의 전율이 느껴져 몸을 떨었다. 그와 함께 터진 짐꾸러미에서 흩어진 다이아몬드, 금덩이들이 죽음의 영역으로 우수수 뭇 영혼들과 함께 침몰해가는 영상이 또렷하게 그려졌다.
　나의 표정을 바라보던 아버지는 이렇게 말씀하셨다.
　"아들아, 너는 초대받은 사람들과 연인들이 모두 떠난 뒤의 잔칫집이 어떤 꼴인지 알고 있으리라. 새벽이 되면 그들이 남겨놓고 떠난 무질서한 모습들, 깨진 술병과 어지러운 식탁, 지저분하게 꺼진 모닥불의 흔적들을……. 하지만 이런 모든 것들의 자취를 읽는 것만으로는 인간의 사랑을 판단하지 못한다."

아버지는 계속 말씀하셨다.

"네가 예언서의 책장을 넘기면서 인물의 묘사나 황금빛 삽화에만 신경을 쓴다면 그 안에 담겨 있는 성스러운 예지, 즉 진리의 본질을 놓쳐 버리게 되는 것처럼 말이다. 너는 아느냐. 양초의 생명은 한 덩어리의 밀랍 덩어리에 있는 것이 아니라 그것이 생성해내는 빛 자체이니라."

생명은 존재에 있지 않다. 생명이란 그 존재가 타오르는 순간의 이름이라는 말씀이셨다. 아버지는 나에게 불꽃 같은 삶의 의미를 가르치고 계신 것이었다.

🌿 인간은 나무와 같다

이윽고 우리는 넓고 황량한 고원에 다다랐다. 그곳에는 퇴색한 고대의 신전이 고즈넉이 서 있었는데, 문득 그 앞에 수많은 해골들이 뒹굴고 있었다. 그것은 오래 전 이곳에서 죽어간 사막의 대상들이 남긴 자취였다. 실로 참혹한 광경이었다. 내가 두려움에 설핏 몸을 움츠리자 아버지는 다시 입을 열었다.

"아들아, 타고 남은 잿더미 속에는 아무것도 없다. 이 흔적들에 지나친 관심을 기울이지 말아라. 여기에는 단지 인도자가 없어 진창 속에 영원히 빠져버린 수레들만 있을 뿐이다."

그 말을 들은 나는 미묘한 감정에 휩싸인 채 아버지께 물었다.

"그러면 이렇게 죽어간 그들의 존재에는 무슨 뜻이 있나요?"

"본질이란 무엇이든 시야에서 사라지고 나서야 발견되는 법이다. 이들에 관해 들려오는 갖가지 풍문은 그리 중요한 게 아니다. 본래 대상들은 기나긴 여정 속에서 절벽이 있으면 돌아갈 것이고, 바위가 있으면 피해갈 것이며, 모래가 너무 가느다랗다면 단단한 모래땅을 찾아가지만 언제나 똑같은 방향으로 나아가는 사람들이다.

나귀가 지쳐 쓰러져 짐이 땅에 떨어지면 그들은 걸음을 멈추고 부서진 상자를 주워 모아 다른 나귀의 등에 실은 뒤 계속 발걸음을 옮길 것이다. 안내자가 도중에 죽는 일도 있을 것이다. 그러면 그들은 즉시 다른 사람을 지도자로 세운다. 그들은 그렇게 운명처럼 움직이면서 더 높은 곳을 향해 나아간다. 그리하여 대상들은 마침내 보이지 않는 언덕 위에 선 육중한 바위가 된다."

그러면서 아버지는 내 어깨를 두드리셨다.

"아들아, 인간은 나무와도 같다. 그것은 씨앗도 아니고, 가지도 아니며, 바람에 흔들리는 줄기도 아니고, 또한 죽어버린 땔감도 아니다. 아무리 그것을 톱으로 썰고 도끼로 쪼개봐도 본질을 드러내지 않는다.

너 또한 마찬가지다. 신은 너를 태어나게 하셨고 자라나게 하셨으며 희망과 후회, 기쁨과 고통, 분노와 용서로 끊임없이 너를 채워주실 것이고 결국에는 너를 품안으로 데리고 가실 것이다. 너는 학생도 아니고, 남편도 아니고, 아이도 아니며, 노인도 아니다.

너는 나무와도 같이 이 순간에도 이루어지고 있는 인간이다. 네 자신이 올리브나무의 흔들리는 가지임을 알게 된다면 너는 영원을 맛볼 것이다. 그리하여 너는 주변에 있는 모든 것들이 영원하다는 것을 알게 되리라. 네 조상들, 네 곁의 샘물, 너를 향한 사랑하는 여인의 눈빛이나 밤의 신선함, 이 모두가 영원하다는 진리를 깨닫게 되리라."

사랑에는 미래가 없다

나는 지금 성채의 가장 높은 탑 꼭대기에 서 있다. 그리고 깨닫는다. 신의 품안에서는 고통도, 죽음도, 또 장례까지도 서러워할 것이 아니라는 것을…….

우리에게 살아 있는 자에 대한 추억이 살아 있다면, 그것은 그 사람 자체보다 실존적이고 위대한 그 무엇이 있기 때문이다. 그런 까닭에 나는 인간의 고뇌를 이해하게 되었고, 그런 인간의 존재를 불쌍히 여기게 되었다. 침묵하는 시간 가운데 홀로 깨어나 신의 별 아래 자신이 보호되고 있다고 믿다가, 불현듯 낯선 여행길에 서 있음을 느끼는 인간들을 말이다.

도둑들의 마음과 그들의 절망적인 상태를 이해하면서도, 그들의 죄 많은 영혼까지 구해줄 수 없다는 것을 나는 잘 알고 있다. 하지만 그들을 죄악으로 인도하는 불안감까지는 어쩌지 못하겠다. 왜냐하면 그들이 무턱대고 다른 사람의 황금을 노리고 있지 않다는 것을 잘 알고 있기 때문이다.

사랑도 마찬가지다. 자신도 모르게 발현되는 사랑은, 그들이 절대로 포착하지 못할 어떠한 빛을 위한 사랑이다. 그러므로 사랑하는 사람들은 마치 샘물에 비친 달을 꺼내려고 끊임없이 샘물을 퍼내는 이들이다.

도둑이나 연인들의 초조감과 공포심을 그 누가 알 수 있겠는가. 하지만 그들은 자신들이 노리는 어떤 장소에 자신들을 만족시켜줄 만한 무엇이 있으리라 믿고 있다. 때문에 그들은 언제나 꿈꾸며 밤의 행각을 계속하고 있다. 그리하여 또 나의 충실한 부하들은, 가슴을 두근거리며 행운이 자기를 돌봐줄 것이라고 생각하고 있는 그 도둑들을 지금도 계속 체포하고 있다.

나는 그들을 나만의 사랑으로 감싸주리라. 무슨 까닭으로? 나는 그들이 자신의 좁다란 일터에서 무엇을 추구합네, 하는 사람들보다 더 열정적이라는 사실을 잘 알고 있기 때문이다.

나는 이 도시의 주인이다. 나는 고독한 자, 명상하는 자, 이기적인 자, 사랑을 주는 자다. 사랑에는 언제나 대상이 있게 마련이다. 그러므로 나는 지금 이 시간에 존재하는 것을 사랑하는 사람, 또 만족할 줄 아는 사람에게만 손을 내밀리라.

내가 결혼이란 계약으로 여자들을 제약하고, 간통한 여인에게 돌을 던지도록 한 것도 모두 그런 이유에서다. 나는 그 여자의 욕망을 이해하고 있으며, 그녀들이 자신을 위해 살려면 얼마나 커다란 모험이 필요한지도 잘 알고 있다.

나는 여자들의 마음속에 있다. 따라서 제국의 여자들은 아득한 초원 속에 갇힌 채 사형 집행자를 기다리는 신세일 뿐이다. 모래 위에 잡혀 올려진 송어처럼 그녀들의 심장 뛰는 소리를 나는 듣는다. 그녀들은 밤을 향해 소리친다. 그러나 포기하라. 보람 없는 메아리만 공허하게 울리리라. 도대체 그 순간 그네들을 만족시켜줄 만한 사람이 누구란 말인

가. 그네들에게 아무리 자유롭게 남자를 바꾸도록 한들 무슨 소용이 있겠는가.

보라, 사랑에 빠진 사람은 그 만남의 미래를 결코 알지 못할 것이다.

🌿 인간의 성채를 지으리라

나는 평화에 대해 오랫동안 명상한 적이 있다.

방금 태어난 아기나 가을의 수확, 그리고 정돈된 가정의 행복은 위대하다. 그것들은 평화롭다. 가득 찬 곳간, 잠들어 있는 양들, 방 안에 잘 개어 정돈된 옷가지는 완전한 평화다. 일단 완성된 후 신에게 봉헌되는 것들의 평화.

인간은 성채와 아주 흡사하다. 성채는 누군가 자유를 쟁취하기 위해 무너뜨려지고, 또 천장에 별이 보이는 지경에 이르게 될 것이다. 그때의 어떤 상실감이 고뇌를 부른다.

불타고 있는 포도넝쿨의 향기나 털을 몽땅 깎아줘야 하는 양에게서 자신의 진리를 찾아내는 일—진리는 우물처럼 깊이 파는 것이다. 그 시선이 산만해지면 우리는 신의 영상을 잃게 된다. 그러므로 마음이 한 곳에 모여 양털의 무게만큼밖에 진리를 모르는 현인들도, 밤의 죄악 속에서만 마음이 열린 간부姦婦보다는 신에 대해 훨씬 더 많은 것을 알고 있다.

성채여, 나는 인간의 마음속에 그대를 건설하리라.

현실의 평화를 더욱 다듬어야 한다. 나는 땅의 틈바구니를 메워 인간에게 화산의 자취를 숨기는 자다. 나는 심연 위에 펼쳐져 있는 잔디밭이다. 나는 신에게서 한 시대를 위임받아 강을 건네주는 사공이다. 그러므로 신은 내게 맡길 때보다 훨씬 현명하고 성숙된 사람들을 되돌려받게 될 것이다.

나는 내 백성들을 내 사랑 안에 머물게 할 것이다. 따라서 나는 이전 세대의 상처를 치료하는 이를 옹호한다. 이름 없이 읊어 내려온 조상들의 시에 자신의 호흡과 영혼을 집어넣는 이를 나는 사랑한다.

나는 임신한 여인이나 젖먹이는 여인을 사랑하며, 대를 이어 번창하는 짐승들을 사랑하고, 언제나 다시 돌아오는 계절을 사랑한다. 나는 이 땅에 살고 있는 사람이기 때문이다.

오! 성채여, 나의 고향이여. 나는 거친 사막의 모래폭풍으로부터 그들을 지키리라. 침노하는 적의 위협에 대비해 성채, 네 주위에 나팔수를 세우리라.

사람들은 집에서 살고 있다

오늘 나는 커다란 진리를 하나 발견했다. 인간은 모두가 집에서 살고 있다는 것이다.

그들에게 사물의 의미란 자신이 살고 있는 집의 의미에 따라 바뀐다. 마찬가지로 인간에게는 길이나 보리밭, 언덕의 능선들 역시 그것들이 한 영지를 이루고 있느냐 아니냐에 따라 의미가 달라진다. 왜냐하면 이 잡다한 것들이 모여 그들의 마음에 하나의 무게를 실어주기 때문이다.

보라. 신의 왕국에 사는 사람과 그렇지 않은 사람은 전혀 다른 세계에 존재하고 있다.

우리를 비웃으며, 재물이 없는데도 누군가가 확실히 재물을 추구한다고 믿는 사람들은 커다란 잘못을 저지르고 있다. 만일 그들이 무턱대고 남의 가축떼를 탐낸다면, 그건 오만함이 그들의 심중에 살아 있기 때문일 것이다. 그런데도 그들은 뻔뻔스럽게 묻는다.

"거기에 양, 염소, 보리, 밀, 그리고 산이 있습니까? 그 외에 무엇이 또 있나요?"

나는 이렇듯 눈먼 그들을 도살자나 다름없다고 생각한다. 생명이란 그들과 같은 부류가 도저히 발견할 수 없는 아름다움이다.

내 영토 안에 존재하고 있는 어떤 것들, 하다못해 쓸모없어 보이는 벌레조차 그들의 썩은 머릿속에 있는 그 무엇보다 훨씬 소중하다. 그것은 국경 밖의 무엇보다도 위대하고 위대하다. 여기에는 사람들의 집이 있으며 행복이 있기 때문이다. 인간의 모든 거주지는 일정한 공간 속에 존재한다. 때문에 그와 함께 머무는 시간들은 모래바람처럼 우리를 파멸시키는 것이 아니라 더욱 안온하게 해준다. 이 깨달음을 얻는 순간은 실로 행복하지 아니한가.

시간은 하나의 건축물이다. 따라서 나는 이 축제에서 저 축제로, 이 기념일에서 저 기념일로, 이쪽 포도밭에서 저쪽 포도밭으로 돌아다닌다. 그것은 마치 내가 어릴 적에 그 발자국 하나하나가 어떤 의미로 남아 있는 내 아버지의 궁전 회의실에서 휴게실로 뛰어다니던 것과 마찬가지다.

보라. 나는 진실만 이야기한다. 그 진실에서 태어나는 것은 참다운 인간이다. 그러므로 나는 제국의 풍습과 법률과 언어 안에서 결코 의미를 찾지 않는다.

사람들이 돌을 쌓아올리며 창조하는 것이 침묵이다. 그 침묵은 돌 틈에서 이해되는 것이 아니다. 그들이 메고 있는 무거운 짐과 가면을 통해 인간은 생기를 얻는다. 때문에 시체를 해부해 그 뼈와 내장의 무게를 재는 사람은 진실에 대해 아무것도 알지 못한다. 그러므로 나는 소위 유식한 자들과의 토의를 감연히 거절한다. 그런 절차를 통해 증명될 수 있는 것은 단 한 가지도 없다. 내 백성들의 언어여, 나는 그대들이 썩지 않도록 침묵하리라.

지배자의 논리

나는 우두머리다. 나는 지배자다. 나는 책임자다.

우두머리란 타인들을 구원해주는 사람이 아니라 그 자신을 구원하도록 타인들을 재촉하는 존재라는 사실을 나는 잘 알고 있다. 제국의 양과 염소, 집과 산들 사이에 어떤 조화가 이루어지는 것은 오로지 나의 힘이며 나의 능력이며 나의 의지이며 나의 결과다.

백성들은 나의 모든 것을 사랑하고 있다. 저들은 처음에는 전혀 알아보지도 못했던 어느 여신이 부드럽고도 강렬한 햇빛을 배경으로 실바람 같은 가슴을 열 때, 그들은 자신도 모르게 여신에게 도취된다.

나는 그 여신과도 같다. 그리하여 백성들은 마침내 내가 원하는 대로 이룩해놓은 이 모든 형상들을 사랑하게 되었다. 때문에 그들은 내가 창조한 집을 사랑한다. 사람들이 찰흙과 벽돌, 그리고 청동의 질감에 아무런 감정도 느끼지 못하면서 조각가의 작품에 대해서는 무한정 몰입하는 것과 마찬가지다.

나는 백성들이 자신들의 집을 잘 알아볼 수 있도록 그들의 사물들을 넣어둔다. 그러면 그들은 피와 땀으로 그 집을 살찌운다. 그 집은 그들에게서 피와, 어쩌면 육신까지 요구하리라. 또 그 집은 아버지와 아들의 의미를 일깨워줄 것이며, 어머니와 딸의 정을 돈독히 해주는 공간이 될 것이다. 그 집에서 가족들의 사랑이 활짝 피어나리라.

만일 내가 별들에게까지 하나의 의미를 줄 수 있을 정도로 커다란 집을 지을 줄 안다면, 그리고 밤에 그들이 집 문턱에서 위험을 무릅쓰고 찬란한 빛을 밝힌다면 사람들은 이 별들의 항해를 그처럼 잘 인도해주신 신에게 감사할 것이다. 또 내가 그 집을 오랫동안 생명을 보전할 수 있도록 튼튼하게 짓는다면 그때에 이르러 그들은 자신들의 미래를 예지할 것이며, 다양한 삶을 통해 신의 모습을 발견할 것이다.

성채여! 그래서 나는 그대를 배처럼 만들었노라. 나는 바람 같은 시간 속에다 그대를 못박고, 돛을 올렸으며, 밧줄을 늦추었노라.

인간들이여! 그대들은 나의 배가 없으면 영원조차 느끼지 못하리라.

나는 나의 배를 위협하는 무엇인가를 잘 알고 있다. 나의 배는 언제나 어두운 바다의 풍랑에 가이없이 흔들린다. 그리고 언제나 수많은 외부적인 조건들에 의해 파괴될 위험을 안고 있다.

왜 그런가? 예로부터 하나의 위대한 성전이 그 가치를 잃으면 또 다른 위대한 성전을 건축하기 위해 본래의 성전을 부수고 벽돌을 빼내는 것과 같은 이치다. 그렇게 지은 성전이 본래의 성전보다 낫다거나 부족하다는 건 아니다. 다만 무너진 돌무더기 위에는 어떠한 역사도 쓰여 있지 않다는 말이다. 거기엔 침묵만 흐르고 있을 뿐이다.

그리하여 나는 숙련된 뱃사람들이 배에 오른 주인을 잘 도와주기를 원하는 것이다. 대대손손 그들을 구원하기 위해……. 지금의 성전에 만족하지 못하고 자꾸만 새로 지으려 한다면, 나는 결코 나의 성전을 아름답게 완성하지 못하리라는 것을 알고 있기 때문이다.

인간의 배

숙련된 뱃사람들에게 혼신을 다 바쳐 주인을 도우라는 까닭은 인간들의 건축물 자체를 위한 나의 배려다. 그 배의 주위에는 맹목적이며 완전하게 자유로운 거대한 힘, 즉 자연이 살아 있다. 그런데 이 변덕스런 자연을 사람들은 가끔 지나칠 정도로 잊어먹고 있다.

그들은 자신들의 배가 절대적인 안전과 미래를 보장하고 있으리라는 착각에 빠져 있다. 그들은 바다에 있으면서도 바다를 제대로 보지 못하고, 하나의 장식물 정도로 치부해버리곤 한다. 바다는 오로지 신의 선물이며, 언제까지나 자신들을 감싸안는 어머니와도 같은 존재로 남아 있으리라 생각한다. 그들의 이런 생각은 완전한 착각일 뿐이다. 어떤 조각가는 돌을 통해 그들에게 자신의 내면을 보여주었다. 하지만 또 다른 조각가는 또 다른 형태의 영혼을 각인하고 있지 않은가.

하늘을 바라보라. 우리의 상상 속에서 태어난 백조자리, 카시오페이아자리들……, 그대는 지금 어둠 속에서 그것을 어떤 아리따운 여인의 자태로 상상할 수 있겠는가.

우리가 만든 어떤 상相은 그렇듯 스스로의 생명력으로 되레 우리의 사고를 사로잡아버리곤 한다.

이런 일은 우리 삶의 도처에서 발견된다. 나는 악당들이 어떻게 나의 백성들을 속이고 희롱해 우리의 본성을 위협하는지 잘 알고 있다. 곡예사라든지, 손가락을 잘 놀려 얼굴 모습을 만드는 자, 그림카드를 옷깃에 숨기고 시선을 현혹시키는 자 등등. 그와 같은 광대들이 노는 꼴에 넋이 빠진 자들은 자신들의 처지가 어디에 놓여 있는지를 까맣게 잊어버리게 마련이다. 내가 악당들을 붙잡아 목을 베도록 하는 것은 이런 이유에서다.

기억하라. 이와 같은 가혹한 판결은 율법사들이 그 곡예사의 잘못을 증언해서가 아니다. 곡예사의 행위를 엄밀하게 추적한다면 사실 잘못한 것이 없다. 그러나 그가 옳은 일을 한 것은 더욱 아니다. 단지 나의 현명함과 정당함이 사람들의 마음을 흔들어놓는 부당한 현상을 용납할 수 없기 때문이다.

내게 목숨의 안개가 걷힐 지경에 이른 자들이여. 너희가 나보다 옳다고 주장하는 것은 미련한 짓이다. 너희 손에서 태어난 참신하고 덧없으며 찬란한 시간들, 그리고 오랜 신앙으로 쌓인 오만을 결코 내게 제시하려 들지 말라. 너희의 구조물은 아직 이루어지지도 않았다. 그러나 나의 구조물은 이미 존재하고 있지 않느냐. 내가 너희의 행위를 비난하고 목 베어 내 백성들을 타락에서 구하고자 하는 것은 바로 이 때문이다.

인간들이여, 이 말을 명심하라.

자신들의 배에 더 이상 주의를 기울이지 않는 자, 그 안에 살아 있는 자신을 되돌아보지 못하는 자, 바로 너희로 인해 단단한 성채의 담장이 허물어지고 있도다. 내가 잔잔한 바다에서 솟아올라 너희의 그 어리석음을 잠재워주리라.

❧ 창조는 영원의 징표다

나는 무엇인가 안정된 유산이 세대를 통해 유전되지 않는다면, 흘러가는 시간이란 저 사막의 모래바람처럼 아무런 의미도 없이 날아가는 것이라고 생각했다. 나는 백성들과 함께 견고하고 영원한 무엇인가를 완성해야 한다는 자각에 도달했다.

나의 거소居所는 비좁다. 과거를 살다 사라져간 저 파라오들의 자취를 보라. 가이없는 세월의 공간에 굳건히 버티고 선 저 거대한 피라미드를 지어 소멸하는 시간을 정복한 그들의 향기를 맡아보라.

나는 가끔 대상들이 찾아가는 광막한 사막의 한 곳에서 모래바람이 불고 난 후 거대한 성전이 솟아오른다는 사실을 알고 있다. 그 성전은 보이지 않는 푸른 파도가 그 돛대를 파괴해 이젠 서서히 침몰하면서도 앞으로 나아가고 있는 배와 같다. 그들은 결국 침몰을 면할 수 없으리라. 그러나 그 성전에는 오랜 세월 동안 수많은 인간이 생명을 다 바쳐 이룬 금은보화가 있으며, 세대를 거쳐 전해져 내려온 늙은 장인들의 혼이 서린 작품이 있고, 노파들이 거슴츠레한 눈을 비비며 신을 향해 만들어낸 화려한 제단보가 있다.

그 수놓인 제단보들은 수많은 노파들이 굳어져가는 몸을 이끌고 잔기침을 하며, 죽음의 등잔불 아래 흔들리면서 남겨놓은 긴 옷자락과도 같은 것이다. 그러나 이 모든 것을 간직한 장엄한 성전도 영원히 지속되지는 못하리라.

광활한 이 초원, 언젠가 땅을 파고 석판을 들어올린 다음 이 오래된 과거의 유물을 꺼내보는 사람들은 이렇게 말하리라.

"어쩜, 이렇게 아름다운 자수를 놓을 수 있을까?"

그렇다. 노파들은 이미 이 땅의 대지가 되고 바람이 되었다. 자신들이 그처럼 놀라운 재주를 가졌다는 것을 깨닫지도 못한 채……. 나는 이처럼 우리가 발견한 소중한 것들을 위해 커다랗고 튼튼한 궤짝을 만들어야겠다. 그것을 운반하기 위한 마차도…….

그것은 내가 인간들의 생명보다도 더 오래 지속되는 모든 것들을 존경하기 때문이다. 이제 그것들은 교환의 의미를 보전하게 될 것이고, 그들의 모든 것을 내맡기는 거대한 의미를 갖게 되는 것이다.

나는 저녁때마다 백성들과 함께 내가 품고 있는 고요한 사랑을 나눈다. 하지만 그럴 때마다 나는 허망한 빛으로 자신을 불태우는 사람들에 대해 불안감을 느낀다. 그들은 시에 대한 사랑이 가득하나 진정한 시를 쓰지 못하는 시인과 같고, 사랑을 품고 있으면서도 상대를 선택할 줄 몰라 언제까지나 차가운 표정을 짓고 있는 여자와 같다.

삶이란 그런 것이다. 노파에게 자수를 잘못 놓았다고 탓하는 몰지각한 인간이 있다면, 그는 노파가 더 아름다운 무엇을 짤 수 있으리라는 구실로 창조보다 허무의 편에 서게 되는 것이다.

나는 인식한다. 조용한 가운데 천천히, 또 거의 생각지 않아도 무르익는 야영지의 여러 가지 냄새를 맡으며 나의 기도가 하늘에 닿는 것을 느낀다. 그렇다. 꽃은 과일이 되기 위해 우선 시간 속에 오래도록 몸을 담근다.

산책을 하면서 나는 많은 것을 깨닫는다. 내가 다스리고 있는 이 제국은 먹을 것에 대한 욕구보다 의무의 성격과 작업의 열정에 뿌리를 내리고 있다는 것, 그것은 소유에 의해 이루어지는 것이 아니라 헌납에 의해 이루어진다는 것.

명멸하는 사물 속에서 그 자신을 끊임없이 재창조하며, 죽음을 두려워하지 않는 영원 불멸의 장인匠人은 문명인이다. 또한 피 흘려 싸우면서 그 자신의 영혼을 제국의 안식과 맞바꾸는 병사들 역시 문명인이다. 그러나 어떤 사람들은 아무런 창조의 노력도 없이 자신의 몸을 사치품으로 휘감으며 남이 써놓은 시를 읽고, 남이 지켜낸 영토 안에 안주한다. 또한 스스로 땅을 일구지 못하고 노예의 힘에만 의존하는 타락한 인간들도 나의 제국에는 엄연히 존재하고 있다.

태곳적부터 이어져 내려온 빈곤의 와중에서도 남부 사막이 언제나 활기찬 종족을 탄생시킬 수 있었던 것은 바로 그러한 인간들과의 투쟁을 위해서다. 이 종족들은 그들을 제압하고 후손들에게 물려줄 안정된 유산을 쟁취하기 위해 끝없이 북으로, 북으로 전진할 것이다.

슬픔의 본질

나는 마음이 늘 한 궤도에 머물러 움직이지 않는 사람을 좋아하지 않는다. 개선 없이는 창조도 없다. 그런 사람들에게 인생은 아무런 의미를 부여하지 않는다. 더불어 시간은 한 줌의 모래처럼 날아가 그들을 파멸로 이끌 뿐이고……. 나 역시 그들의 이름으로는 신에게 바칠 것이 전혀 없다.

골목길을 따라 걷는다. 어느 집 문틈으로 주인이 하녀를 야단치는 소리가 들려왔다. 나에게는 그 이유가 옳은지 그른지에 대해 별 느낌이 없다. 다만 그 사람의 열정만 느껴질 뿐이다.

샘가에 어린 소녀가 웅크리고 앉아 얼굴을 파묻은 채 울고 있다. 나는 가만히 다가가 그녀의 머리에 내 손을 얹고 얼굴을 내 쪽으로 돌려세웠다. 하지만 나는 그녀의 슬픔에 대해 아무런 의문도 드러내지 않았다. 그녀 역시 자신이 왜 우는지 모르리라 단정했기 때문이다.

슬픔은 늘 흘러가게 마련이다. 그것은 황급히 흘러가는 슬픔이며, 그르쳐진 시간으로 이루어진 채 잃어버린 고리의 슬픔이다. 어쩌면 그녀의 슬픔은 이제 더 이상 아무 도움도 안 되는 시간에 속하는 동생의 죽음 때문일지도 모른다.

그녀에게 슬픔의 본질은 무엇일까?

이 소녀는 앞으로 나이를 먹어가면서 연인과의 이별, 그녀가 알지 못하는 사이에 현실과 주전자와 울타리로 둘러싸인 집, 그리고 젖먹이들이 잃어버린 길 따위로 슬픔을 느낄 것이다. 점점 어두워지는 시야, 주변의 사람들이 하나둘 떠나가고 컹컹대는 들개의 울부짖음을 빈방에서 홀로 들을 때 그녀는 또한 슬픔을 느낄 것이다. 그런 가운데서도 시간은 갑작스레, 마치 모래가 모래시계의 좁은 틈을 따라 거침없이 떨어지듯 그녀의 인생을 가로질러 무심하게 흘러가리라.

밤의 환상과 실제

나는 깨달았다. 한 곳에서 영원히 안주할 수 있다는 것은 장밋빛 환상이라는 것을……. 본래 모든 인간들의 거주지는 근본적으로 파괴의 위험을 안고 있다. 그대가 산 위에 세워놓은 성전을 보라. 그 성전은 북풍에 굴복해 오래된 이물처럼 차츰차츰 마멸되었고, 이제 드디어 무너지기 시작했다. 모래가 쌓여가는 저 건축물은 점차 모래로 풍화되어갈 것이다. 그리하여 훗날 그대는 성전이 서 있던 자리에 너른 대양처럼 펼쳐져 있는 황금빛 사막을 목도하리라.

그대의 양과 염소, 그대의 집, 나의 궁전 역시 마찬가지다. 그것들은 제국의 왕인 나의 표상이며 내 사랑의 자양분이다. 그러므로 내가 지상에서 사라지면 그 뒤를 따라 모두 분해되고 말 것이다. 그리하여 이미 떠나간 지배자는 조각가들에게 제공된 뒤죽박죽의 동상 재료가 되고 마는 것이다.

사막의 조각가들은 이 재료로 또 하나의 모습을 창조해낸다. 그들은 평소 마음속에 품고 있던 어떤 영상에 새로운 의미를 부여하고, 그 재료의 흐트러진 성격을 정돈해주기 위해 올 것이다.

그러므로 나는 나만의 법칙에 따라 행동했다. 원정길에서 바라보았던 휘황한 밤하늘의 별빛, 그 감동적인 기억은 아무리 뛰어난 시인이 감각적인 언어로 표현한다 해도 부족하리라.

처음 가본 사막 위에 삼각형의 캠프를 치고 난 뒤, 나는 밤이 되기를 기다려 구릉 위로 올라갔다. 그러고는 병사들과 말과 무기들을 집결시켜놓은 검은 진용을 내려다보면서, 우선 그것들이 가진 취약점을 캐보았다.

나의 병사들. 사실 하늘색 장막 아래 거의 발가벗은 행색으로 이미 별들도 잡혀 있는 밤의 추위를 견디면서, 가죽부대의 한 모금도 안 되는 물로 지독한 갈증을 견뎌야 하고, 한번 일어나면 그 거대한 힘을 과시하는 사막의 폭풍을 피하면서, 마침내 사람의 육신을 익게 하는 뜨거운 햇볕에 위협받는 저들보다 더 비참한 지경에 처한 사람이 어디에 있을까. 그래서 사람은 검불에 지나지 않는 모양이다. 무기를 들고 훈련받아 겨우 단단해진 육체로 머리에 푸른 천을 두르고서 금역의 땅 위에 벌거벗고 누워 있는 저들보다 더 가혹한 지경이 과연 무엇이겠는가.

그렇지만 나에게 그들의 이런 취약성은 아무 문제가 되지 않았다. 나는 그들을 뭉치게 해 멸망에서 구원해주었다. 밤 동안 단지 삼각형의 형태를 정돈하면서, 나는 오로지 그것과 황량한 사막이 구별될 수 있도록 했다. 그리하여 지금 야영지는 주먹처럼 꽉 닫혀 있다.

나는 조약돌 사이에 서 있는 삼나무가 파괴로부터 자신의 무성한 가지를 구원해내는 걸 보았다. 매순간 삼나무는 스스로 자신을 만들어가고 있다. 그는 밤낮으로 자신의 둔중한 내부에서 투쟁을 해야 했고, 적진 속에서 양분을 탈취해야 했다.

나는 야영지가 잠들거나 망각 속에서 해체되지나 않을까 두려워, 사막의 소음을 정탐하는 보초병들을 배치해두었다. 삼나무가 자신의 영역을 넓히려고 자갈밭을 흡수해 삼나무 밭으로 변화시키는 것과 마찬가지로, 나의 야영지는 외부의 위험으로부터 생명력을 얻어야 한다.

밤의 교환.

아무도 그가 오는 소리를 듣지 못했는데 모닥불 가에 불쑥 나타나 웅크리고 있을 조용한 사자死者들에게 축복이 있기를! 이들은 북부로 전진하고 있는 사람들의 행로라든가, 약탈당한 낙타를 추적하러 남부로 간 족속들의 행로, 살인죄 때문에 다른 사람들 집에서 일어났던 소동, 그리고 특히 베일에 싸여 침묵한 채 밤을 기다리는 이들의 계획들을 이야기해준다.

당신은 자신의 침묵을 이야기하러 오는 전령들의 이야기를 들은 적이 있을 것이다. 그들이 우리의 모닥불 가에 그처럼 느닷없이 음침한 언어를 품고 나타나면, 불은 곧 모래 속으로 묻혀버리게 마련이다. 밤은 기적을 잉태하는 법이다. 화약으로 야영지를 휘황하게 장식하면서, 자신들의 총기에 배를 깔고 너부러지게 한 사람들에게 축복이 있기를!

오아시스를 향하여

나는 오아시스를 향해 군대를 이끌고 계속 전진했다. 인간을 이해하지 못하는 자들은 우리가 목표하는 오아시스에 도착하면 또 다른 오아시스에 대해 찬미를 늘어놓을 것이다. 하지만 그 오아시스에 사는 사람들은 자신들이 거주하는 곳의 가치를 알지 못할 것이다. 이런 오아시스를 찾아내야 하는 일은 고난을 뚫고 사막을 행군하는 병사들의 마음이어야 한다. 왜냐하면 내가 그들에게 사랑을 가르쳤기 때문이다.

나는 병사들에게 말했다.

"그대들이 오아시스에 가면 향기 나는 풀과 샘물의 노래에, 날렵한 암사슴처럼 두려워 도망치지만 결국에는 사로잡히기를 원하는 부드럽고 길다란 베일을 쓴 여인들을 발견하게 될 것이다."

또 나는 이렇게 말했다.

"처음에 그 여자들은 그대들을 증오하리라. 그리하여 하얀 이와 날카로운 손톱으로 저항할 것이다. 그렇지만 여자들의 푸른 머리카락을 굵은 주먹으로 움켜쥐면 그녀들은 곧 양순해질 것이다.

그럴 때면 힘을 부드럽게 사용하라. 여자들은 그대들을 잊으려고 다시 눈을 감을 것이고, 비로소 그대들의 침묵은 독수리의 그림자처럼 그녀들을 짓누르리라. 그때가 되면 여자들은 눈을 들어 그대들을 볼 것이고, 새카만 두 눈에 눈물이 가득 고이는 것을 보게 되리라. 그리하여 그대들은 그녀들의 무한이 될 것이다. 마침내 결과가 이럴진대, 그녀들이 어찌 그대들을 잊을 수 있겠는가?"

결론적으로 나는 병사들을 열광시킬 작정으로 우리의 천국에 대해 이렇게 이야기했다.

"그대들이 그곳에 가면 종려나무 숲과 온갖 색깔의 새들을 보리라. 오아시스는 그대들의 것이다. 왜냐하면 우리의 적들은 그것을 가질 만한 자격이 없기 때문이다. 오로지 그대들만이 마음속에 오아시스에 대한 찬미를 품고 있다. 여인들은 동그랗고 흰 자갈들 위로 흘러가는 시냇물에 빨래를 하면서, 축제를 벌일 때는 언제나 그렇듯 어떤 서글픈 의무를 수행해야 하는 것이라 알고 행동한다.

모래 속에서 잔뼈가 굵어지고 햇볕 속에서 수척해지며, 염전의 타는 듯한 껍질로 절여진 그대들이여. 그대들은 여자들과 결혼해 양 허리에 주먹을 대고는 푸른 물 속에서 속옷을 빠는 그녀들의 모습을 바라보면서 승리자의 기쁨을 누릴 것이다. 그렇게 되면 오아시스는 더 이상 피신처가 아니라 사막 위의 낙원이 된다. 그대들은 이미 그들을 정복했기 때문이다.

그들은 자신들이 비축해놓은 식량에 만족해 그만 이기주의의 늪 속에 빠져버렸다. 그들은 오아시스의 입구에서 잠든 보초를 교대시키고 그들을 각성시키려던 귀찮은 사람들을 비웃으면서, 둘러싸고 있는 사막의 영예 속에서 모든 영광을 단지 오아시스를 위한 장식만으로 여기고 있다.

지금 그들은 행복의 환각 속에 빠져 있다. 그러나 행복이란 행위의 열기와 창조의 만족에 불과한 것이 아니던가. 이제 그들은 스스로 노예의 나락으로 떨어질 준비가 완벽하게 되어 있다."

나는 그들에게 마지막으로 강조했다.

"명심하라, 병사들이여. 오아시스를 정복한 뒤라도 우리에게 사실상 변한 것은 아무것도 없음을……. 우리에게 그것은 사막에서 또 다른 형태의 야영일 뿐이다. 나의 제국은 언제나 위협받고 있다. 염소며, 양, 거처, 저 산들이 이 제국의 바탕이요, 우리를 동여매는 끈이라는 사실을 잊지 말라. 이것들을 하나로 묶어주는 줄이 끊어진다면 난잡한 물질만 남아 또 다른 적들의 약탈을 피할 수 없게 된다는 것을……."

제국의 자비

나는 인간을 통한 신의 권리에 대해 깊이 생각하고 있었다. 그러나 기지奇智와 종양腫瘍이라든지, 그들의 세계에서는 우상처럼 존경받는 추태에 관한 권리를 나는 미처 생각지 못했다.

바다까지 흘러가는 하수도의 물처럼, 나는 산중턱에 자리한 더러운 마을의 언덕배기를 지나가고 있었다. 문득 집과 집 사이의 골목으로 통하는 통로에서 역겨운 냄새가 풍겨나왔다. 거기에는 한 문둥병자가 얼굴을 찡그리며 더러운 수건으로 눈을 비비고 있었다. 그는 말할 수 없이 비참한 지경이었는데, 내 눈에는 그가 자신의 상황을 즐기고 있는 것처럼 보였다.

한때 아버지는 제국의 백성들을 위해 이 마을을 불태우기로 작정했다. 그러자 곰팡내 나는 빈민굴의 천민들은 자신들의 권리를 주장하면서 이의를 제기했다. 놀랍게도 아버지는 이들이 주장하는 권리를 당연하게 받아들이셨다.

"그들의 말에 의하면, 정의正義란 현재 존재하고 있는 것을 영구 보존하는 것이니까."

아버지의 이 말씀은 그들의 부패에 대한, 그들의 권리에 대한 긍정이었다. 그 이유는 무엇일까? 곧 부패의 산물인 그들은 곧 부패를 위해 존재한다는 뜻이었다. 그때 아버지는 내게 말씀하셨다.

"아들아, 네가 만일 위선자들이 늘어나도록 방관한다면 결국 위선자들의 권리가 생겨나게 마련이다. 그들은 네게 잘 보이기 위해 찬양의 노래를 부를 것이다. 그 노래는 소멸의 위협을 받고 있는 위선자들의 비장함이 얼마나 위대한가를 네게 들려줄 것이다.

의롭다는 것……, 너는 선택해야 한다. 천사장을 위해 의로울 것인가, 아니면 인간을 위해 의로울 것인가. 고통을 위해 의로울 것인가, 건전한 육체를 위해 의로울 것인가. 사교邪敎의 이름으로 이야기하러 온 자의 말에 우리가 왜 귀를 기울여야 하는지를 너는 깨달아야 한다. 나는 그들을 돌봐줄 것이다. 그러나 그 이유는 신에게 있지 결코 종양으로 인한 그들의 욕망에 의한 것이 아님을 명심하라. 그들을 깨끗이 씻어주고 가르쳐주면 그들의 소망은 달라질 것이고, 그 자신이 향유한다고 믿었던 과거를 부정하게 될 것이기 때문이다.

정의란 예금 때문에 고객들을 존중하는 은행과도 같다. 내가 나 자신을 존중하는 만큼 그들을 존중하는 것이다. 그들은 내게 똑같은 빛을 반사시켜주고 있다. 그 빛이 내게 잘 보이지 않더라도 그것을 교통수단으로, 도로로 간주하는 것이 바로 정의다. 자비, 그것은 정의가 스스로 자신의 자식을 분만하게 하는 것이다."

나는 아버지께 물었다.

"그렇지만 아버지, 저는 아무런 대가 없이 빵을 나눠주고 무거운 짐을 지는 이들을 거들어주며 병든 아이를 보살펴주는 사람들을 보았습니다."

그러자 아버지는 이렇게 대답하셨다.

"그들은 모든 것을 공동의 것이라고 생각하는 이들이다. 그들은 보리죽을 갖고도 자비를 베푼다. 그들이 자비라 이르는 것은 사실상 자신들의 행위를 통해 어떤 위대한 감정을 찬미하고 있는 것이다. 하늘의 선물이라고 믿는 거지. 허나, 하늘의 선물이란 받는 사람에 따라 달라진다. 그런 곳에서는 가치가 가장 낮은 법이지. 마치 주정뱅이에게 술이 주어지듯이 거지들에게 질병이란 하늘의 선물이다. 그들에게 내가 건강을 주고자 하면 나는 그 육체를 도려낼 수밖에 없지 않겠느냐? 그렇게 되면 거지의 육체는 도리어 나를 증오할 것이다."

그러면서 아버지는 내게로 화두를 돌렸다.

"아들아, 네 인생이 누군가에게 구원을 받았다 할지라도 결코 감사해서는 안 된다. 너를 구해준 이가 네게 감사의 말을 기대한다면 그만큼 그가 천하기 때문이다. 그가 기대하는 감사의 말이 무엇이겠느냐? 네가 어떤 가치가 있다면 그는 너를 구원하면서 어떤 신을 섬겼으리라. 따라서 그는 너를 구원해주었다는 사실 하나만으로도 은총을 받은 것이다.

어느 한 사람을 통한 타인의 훌륭한 협력만이 의미가 있다. 나는 너의 협력이나 돌의 협력을 받는다. 보아라. 위대한 성전의 기단基壇으로 사용된 돌에게 누가 감사해하더냐?"

그리하여 나는 깨닫게 되었다. 나의 제국의 의미에 따른다면, 자비란 곧 협력이라는 것을……

❦ 지배자는 심판받지 않는다

아버지의 말씀은 계속되었다.

"한 세계에서 커다란 역할을 맡았거나 존경을 받았던 사람은 누구라도 전락할 수 없는 운명을 지니고 있다. 한번 제국을 통치했던 사람은 그 누구라도 제국에서 쫓겨날 수 없고, 그래서도 안 된다. 너는 거지들에게 동냥을 주었던 사람을 거지로 만들 수 있겠지만, 그렇게 하면 네가 이끄는 배의 중요한 부분을 망가뜨리는 잘못을 저지르는 셈이다.

내가 죄인에 따라 형벌에 차등을 주는 것도 그 때문이다. 그러므로 내가 고귀하게 만들어놓겠다고 작정한 사람이 만일 시시한 소인배라면 고의로 호되게 다루겠지만, 결코 노예 상태로 떨어뜨리지는 않을 것이다. 언젠가 나는 빨래하는 하녀로 전락한 공주를 본 적이 있다. 당시 동료들은 비천하게 된 그녀를 비웃으며 말했다.

'이년아, 네가 공주였을 때의 고상한 기품은 다 어디로 가버렸니? 너는 남의 목을 벨 만큼 고귀하고 거만했지만 지금은 네가 천하디 천하게 여겼던 우리의 손아귀에 있단 말이다. 정의란 바로 이런 거야.'

그런 식이라면, 정의란 힘든 처지에서 살고 있는 그네들에 대한 보상이리라. 이렇게 험한 말에도 공주였던 그 하녀는 침묵할 수밖에 없었다.

그리곤 수치심 때문에 창백해진 표정으로 고개를 숙였다.

사실 그녀가 욕먹을 만한 구실은 하나도 없었다. 그녀는 아름다운 얼굴에, 얌전한 행동거지와 인자한 풍모가 서려 있었다. 그러므로 나는 그녀의 동료들이 그녀 자체를 조롱한 것이 아니라 그녀의 지위가 추락했음을 조롱하고 있음을 알게 되었다. 누구나 그럴 것이다. 탐냈던 불가능한 것이 바로 자신의 발 밑에 떨어져 있다면 누군들 그걸 삼켜버리지 않겠는가. 그리하여 나는 그녀를 불러냈다.

'나는 그대의 신분이 공주였다는 것 외에는 알지 못한다. 어찌 그 이유 때문에 그대가 저 여인들의 모독을 감수해야 하는가. 오늘부터 나는 그대에게 빨래터에 있는 하녀들의 생사 여탈권을 주겠다. 나는 그대를 다시 통치할 수 있는 자리에 앉히겠다.'

이렇게 해서 그녀는 예전의 권한을 되찾았다. 하지만 그녀는 예전에 당했던 모욕들을 기억조차 하려 하지 않았다. 그리하여 빨래터의 여자들은 다시 과거의 상태로 되돌아갔다. 자신들의 지배자가 된 그녀의 고귀함을 찬양하고 숭배하기 시작한 것이다. 그녀들은 자신들의 옛 동료가 권좌에 복귀한 것을 축하하기 위해 성대한 축제를 열어주었고, 그녀의 손을 잡아보려고 경쟁적으로 달려들었다.

내가 정복한 왕자들을 뭇 사람들의 모욕이나 간수들의 무례함에 내맡기지 않는 이유가 바로 여기에 있다. 그보다는 오히려 커다란 원형경기장에서 금나팔에 맞춰 참수시키는 편이 훨씬 낫다. 추락한 사람을 더욱 깎아내리는 일은 추하기 때문이다."

마지막으로 아버지는 이렇게 강조하셨다.

"지배자는 절대로 자기가 거느리던 부하들에 의해 심판받지 않는다."

교환의 의미

"사람들을 시켜 탑을 쌓게 하라. 그리하면 그들은 곧 형제가 될 것이다. 하지만 그들이 서로 증오하길 바란다면 낟알을 던져줘라."

어느 날 아버지는 내 손을 붙잡고 제국의 백성들을 바라보면서 말씀하셨다.

"그들을 시켜 나의 창고에 그들의 수확물을 붓게 하라. 밀알의 금빛 껍질이 반짝이며 쏟아질 때 그들은 나의 영광을 찬양하리라. 한때 그들의 임무는 수확이었으나 이제는 찬미가 되니니, 그럼으로써 그들이 짊어졌던 무거운 가마니는 기쁨이 된다. 백성들은 나에게 바치고 다시 가져가며 행복을 얻는다. 그들은 밀로부터 나의 영광을 얻었으며, 그럼으로써 그들이 가꾼 밀에게 또한 영광을 준다. 이런 사람들의 얼굴에선 금빛이 반짝이게 마련이다.

나의 제국에는 그들과 달리 움직이는 사람들이 있다. 그들은 타인들의 시를 읊고, 타인들의 밀을 먹으며, 돈을 주고 건축가들을 데려와 도시를 건설한다. 그들에게선 반짝이는 금빛 밀알의 먼지를 찾아볼 수 없다. 하지만 그들은 잿빛 사막을 일으키고 제국의 영토를 확장시킨다. 이 두 부류는 서로 주고받으며 살아간다. 한쪽에서는 나의 영광이 담긴 밀알을, 한쪽에서는 그들의 안전과 미래를 건넨다. 보아라. 그들의 삶은 교환 그 자체다. 이런 교환의 과정 없이는 아무런 발전도 없다. 인간의 마음을 키워주는 것은 오로지 이와 같은 행위뿐이다."

❧ 열정의 제국을 만들라

나는 무희들이 새로운 춤을 연습하는 장면을 구경했다. 그 춤은 기록되지 않는다. 다만 행운이나 재앙처럼 스쳐지나갈 뿐이다. 춤에는 추수도, 창고도 없다. 하지만 나는 그들이 만들어낸 새로운 몸짓을 사랑한다. 그녀들의 드러난 허리춤에 흐르는 땀이 햇빛에 반짝인다. 그와 같이 나의 빛이며 신이었던 아버지는 이렇게 말씀하셨다.

"인간이란 창조하는 존재다. 그와 같은 창조를 위해 협력하는 사람들은 한 형제다. 그들은 저 무희들처럼 스텝을 헛디디면서도 끊임없이 완전으로 나아간다. 그와 같은 열정이 없다면 세계는 너무나 무미건조하리라. 이제 조금만 뒤로 물러서 보아라. 우리는 저들이 무엇을 하고 있는지 알 수 없다. 하지만 우리의 보이지 않는 시야 속에서도 그들은 서툴고 세련됨을 떠나 하나의 동작을 완성시키고 있다.

그러나 아들아, 네가 위대한 조각가만을 원한다면 그들의 창조는 숨을 거둘 것이다. 평범을 믿어라. 그들의 계단을 타고 위대한 조각은 이루어진다. 창조란 썩은 흙더미 속에서 솟아나는 것이기 때문이다.

아름다운 춤은 주변의 어긋난 동작이 있으므로 드러난다. 보아라. 그들이 없다면 완성이란 느낄 수조차 없는 헛된 꿈이 되지 않겠느냐.

그들은 서로 협력하고 있다. 그들의 목적은 한 가지다. 실패함으로써 앞으로 나아가는 사람들, 그런 열정이 있으므로 오늘의 제국이 존재한다.

완전한 제국을 찾지 말라. 그렇다면 불완전한 모든 것들의 의미를 잃게 된다. 욕설과 악취미, 죄악과 고통, 슬픔과 난관을 인정하라. 그것들이 있기에 우리는 언제나 미지의 세계로 나아갈 수 있다."

♣ 돌아가고 싶은 사람들

기나긴 원정의 나날을 보내는 동안 나의 군대는 무거운 짐을 운반하는 노새들처럼 지쳐갔다. 병사들 틈에서도 동요의 기미가 보이기 시작했다. 이런 상황이 벌어지자 한 무리의 장교들이 나를 찾아왔다.

"왕이시여, 우리는 언제 고향으로 돌아갈 수 있겠습니까? 우리가 정복하려는 오아시스의 여인들도 집에서 기다리고 있는 아내만 못할 것입니다."

그 중 한 사람이 애원하다시피 말했다.

"왕이시여, 저는 젊은 날 말다툼을 하다가 사귄 여자를 꿈속에서도 봅니다. 이젠 고향으로 돌아가 쉬고 싶습니다. 어떤 진리를 깊이 파고들려 해도 이젠 더 이상 되지 않습니다. 제발 고향의 고요 안에서 지내도록 허락해주십시오. 남아 있는 인생에 대해 조용히 명상하고픈 마음뿐입니다."

비로소 나는 그들이 고요의 안식을 원하고 있음을 알게 되었다. 침묵은 그 자체로 진실의 열매를 맺고, 뿌리를 내리기 때문이다. 안식의 시간이란 우리가 어머니의 젖을 먹어야 자라나는 것처럼 중요하다.

아이가 순간적으로 커가는 것을 본 사람이 어디 있겠는가. 아이를 보고 '아유, 많이도 컸구나' 라고 말하는 사람들은 멀리서 온 사람들이다. 부모들도 아이가 자라나는 것을 보지 못한다. 아이는 시간 속에서 그렇게 되어야 할 존재로 매순간 자라나기 때문이다. 이처럼 나의 부하들도 갑자기 시간이 필요하게 되었고, 하나의 나무를 이해하기 위해서도 시간이란 것을 중요하게 인식했던 것이다. 그리하여 그들은 이렇게 말하고 있다.

"왕이시여, 언제 전쟁이 끝납니까? 우리는 변화하고 싶습니다."

지금 나의 군대는 제국의 부富를 위해 오아시스로 진격하고 있다. 멀리 있는 그의 집을, 나의 궁전을 아름답게 장식하기 위해, 또 이렇게 누군가에게 이야기할 수 있도록 하기 위해서 말이다.

"저 종려나무 숲, 상아를 조각하는 마을들은 남부를 향한 나의 궁전에 대해 어떤 풍취를 줄 것인가."

그런데도 그들은 무지한 채 싸웠으며, 지금에 이르러서는 고향만 그리워하고 있다. 이제 제국의 미래는 그들 내부에서 더 이상 찾아볼 수 없게 되었고, 세계의 혼잡 속에서 우리의 정체성은 자취를 감춘 채 파괴되어가고 있다. 나의 심각한 표정을 보고 애가 탄 그들은 급기야 이렇게 강변하기까지 했다.

"왕이시여, 미지의 오아시스를 정복해 우리가 부자가 된다는 것이 왜 그렇게 중요합니까? 그들을 정복한 뒤 우리가 집으로 돌아가게 되면 그 오아시스가 어떻게 우리를 풍요롭게 만들어줄 수 있습니까? 그 오아시스는 거기에 살거나, 그곳의 종려나무 열매를 거두어들이거나, 혹은 힘차게 흐르는 강물에서 빨래하는 사람들에게나 도움될 뿐이지 않습니까?"

🌿 인간의 조건

그들은 심각한 오류를 범하고 있었다. 그러나 어쩔 것인가. 믿음이 꺼지면 신은 죽고, 이후에는 아무런 희망이 없는 무용한 존재가 되고 마는 것을……. 군대의 열정이 식어버리면 제국은 해체되고 만다. 제국이란 백성들의 열정에 의해 이루어진 것이므로……. 그렇다고 나의 제국 자체가 허구라는 말은 아니다. 들어보라. 내가 만약 올리브나무의 행렬과 사람들이 비를 피하는 통나무집을 '영지領地'라 부른다고 하자.

그것들을 조용히 바라보는 가운데 애착이 생기는 사람이나 그 풍경을 마음에 담아두는 사람이 다른 여러 가지 중에서 올리브나무와 비를 피하는 것 외에 아무 쓸모없는 이 외톨이 통나무집만 가지려 한다면, 그 영지가 팔려 풍비박산이 나려고 할 때 그 영지를 대체 누가 구원할 것인가. 영지를 파는 것은 올리브나무나 통나무집에는 직접적으로 아무런 변화를 주지 않는다.

어떤 행위를 통해서만 그 사람을 알아보고, 서로 접해본 경험이나 어떤 이점을 발견해낸 다음 그것을 어떻게 이용할 것인가에 몰두하는 자는 매우 미련한 자다.

인간을 바라볼 때 중요한 것은 그가 당장 손에 쥐고 좌지우지할 수 있는 것으로 판단하면 안 된다는 점이다.

영지의 주인은 지금 새벽 이슬이 맺힌 길을 걸어가고 있다. 지금 그의 손 안에 있는 것은 오로지 한 줌의 이삭들, 그가 딸 수 있는 약간의 과일에 지나지 않는다.

전쟁 중에 나를 따른 어떤 사람이 있었다. 그런데 그 사람은 자기가 볼 수도 없고 만질 수도 없으며, 그의 팔에 안겨볼 수도 없는, 그리고 그를 생각조차 하지 않고 있을 애인에 대한 그리움으로 가득 차 있었다.

그가 새벽 공기를 마시며 자신을 잡아당기는 육중한 삶의 무게를 느끼는 이 시간, 그처럼 멀리 있는 애인은 세상에 존재하지 않는 것과 똑같다. 그녀는 잠들어 있는 사람일 뿐이다. 아니, 그런 존재다. 하지만 남자는 여자가 존재한다는 것에 대해 책임을 지고 있다. 자기로서는 아무런 혜택도 받지 못한 채 잠들어 있는 애정, 저장되어 있는 곡식처럼 그녀 스스로 잊어버린 애정을 책임지고 있다. 어쩌면 그는 자신이 맡지 못하는 향기에 대해서까지 책임지고 있다. 그는 고향에 있는 집 앞의 분수에 대해 책임지고 있으며, 그를 다른 사람들로부터 분리시켜주는 제국의 존엄성에 대한 책임까지 지고 있다.

그대는 자신의 마음속에 병든 아이를 가진 친구를 기억할 것이다. 그 아이는 멀리 있어서 친구는 아이의 이마에서 치솟는 열기를 느끼지 못하고, 아이의 칭얼거리는 목소리를 듣지 못한다. 그는 당장 아이의 생명을 구하기 위해 어떤 행동도 취할 수 없다. 그런데도 그는 마음속에 있는 한 아이에 대한 부담 때문에 짓눌리고 있다.

이와 같이 그는 제국에 있으면서도 제국을 한눈에 보아 감싸지도 못하고, 최소한의 특권도 누릴 수 없는 사람이다. 그러나 그는 영지의 주인처럼, 병든 아이의 아버지처럼, 멀리 떨어져 있는 애인을 생각해내고는 그녀가 잠들어 있을 때 사랑을 풍요롭게 하는 사람처럼 제국과 더불어 도량이 넓어진다. 그러므로 그대여, 돌아보라. 인간에게 중요한 것은 사물 본래의 의미뿐이다.

대장장이와의 대화

어느 날 제국의 대장장이가 나를 찾아와 말했다.

"왕이시여, 저는 저와 관계없는 모든 것들을 외면합니다. 저에게는 홍차와 설탕, 살찐 당나귀, 그리고 사랑하는 아내와 아이들만 있으면 그만입니다. 그 외의 것들은 제게 고통을 주었을 뿐 행복을 주지는 않았습니다."

그는 너무나 무지한 백성이었다. 그는 자신을 돌아보지 못하는 인간이었다. 만일 그가 사막에 홀로 있다면, 혹은 아무도 없는 집 안에서 돌봐주는 사람 없이 늙어갈 때도 이런 말을 할 수 있을까. 나는 그를 측은한 눈길로 바라보며 말했다.

"그대는 다른 천막에 살고 있는 친구들의 의미를 모르는가. 그들이 전해주는 사막의 소식과, 제국의 미래가 얼마만한 가치를 지니는지 정녕 모른단 말인가?"

사람들은 모닥불 가에 모여 앉아 양고기를 구우면서 삶을 나누게 마련이다. 병든 아들과 집과 아내들에 대해, 멀리서 벌어진 전쟁에 관해, 머나먼 나라의 신비와 흰 코끼리와 축제의 이야기들……. 그것들은 오늘을 사는 그대가 가진 모든 것이다.

적들의 요란한 이동과 야만, 그들의 머리 위로 쏟아지는 유성들, 죽음을 맞이하는 용기와 인간에 대한 증오 따위가 그대의 하루를 충만케 한다. 그리하여 그대는 그대 자신의 존재보다 훨씬 큰 세계의 일원이 된다.

평등이란 없다

한때 아버지는 도시의 북쪽 야영지에 3천 명의 피난민들을 머물게 한 적이 있었다. 제국에서는 그들에게 일용할 양식과 향기로운 차, 질 좋은 옷감을 지급했다. 하지만 그에 상응하는 노동 이상의 것을 요구하진 않았다.

피난민들은 점차 평온에 길들여졌다. 그들은 아내와 아이들에 집착하고, 당나귀에 집착했다. 그들에게 행복이란 남들과 똑같은 삶을 이어나가는 것이었다. 아버지는 내 손을 이끌고 그들에게 가서 말씀하셨다.

"아들아, 보아라. 저들은 이미 가축이 되었다. 이미 영혼이 썩어가고 있지 않느냐."

주사위 놀이는 재미있다. 하지만 그 놀이가 아무런 재미를 주지 못하고 무미건조한 습관이 될 때가 오게 마련이다. 다이아몬드나 금덩이도 마찬가지다. 사물은 의미가 없어질 때 그 생명력을 잃는다. 하지만 사람들은 그 무의미한 가치를 움켜쥐고 놓으려 하지 않는다. 이런 측은한 광경을 본 아버지가 말씀하셨다.

"저들은 회초리로 친다 한들, 이미 꼬리를 말고 으르렁거리는 개떼에 지나지 않는다. 이제 저기에는 인간이 없구나."

이런 짐승들 사이에는 먹이를 사이에 두고 분쟁이 벌어진다. 그들은 서로의 몫을 감시하다가 누군가 좀더 많은 것을 갖게 되면 등뒤로 다가가 비수를 꽂는다. 그들이 부르짖는 정의는 오로지 평등뿐이다. 그 대상은 재산이든 정신이든 가리지 않는다. 그리하여 매일 밤 야영지에는 시체들이 쌓여갔다. 아버지가 말씀하셨다.

"아들아, 평등한 대중은 창조적인 인간을 미워한다. 보아라. 저들은 짐승과 다를 바 없지 않느냐. 인간이 짐승이 되면 저와 같은 노예 근성이 발현되게 마련이다."

그리하여 아버지는 그들의 쓰레기 같은 마음속에서 잠자고 있던 천사장을 깨우기로 결심하셨다. 그들을 좋아하진 않지만 그들 안에 살아 계신 신을 존경했던 까닭이다.

신의 칼날이 그들에게 겨눠지자 비로소 그들은 생명력을 발휘하기 시작했다. 잊혀졌던 남자의 정의가 썩은 오물더미에서 뛰쳐나와 녹슨 장검을 휘두르게 하고, 마침내 찬란한 피를 뿌리며 스러지도록 했다. 그들은 인간으로서 죽었다.

반역의 조짐

나는 술렁이기 시작하는 군대를 안정시키기 위해 시인들을 동원했다. 그러나 아무런 효력이 없었다. 병사들은 오히려 자신들을 위로하려는 시인들을 희롱했다.

"우리에게 우리의 진실을 노래하게 하라. 고향의 분수와 단란한 저녁 식사를 달라. 그 외에는 아무것도 필요치 않다. 지금 목마른 우리에게 물을 달라!"

그제야 나는 잃어버린 권력은 되찾을 수 없다는 진리를 깨달았다. 나의 제국은 이미 풍요에 대한 이미지를 잃어버렸다. 그것이 진실이었다. 이젠 아무것도 진실하지도, 덜 진실하지도 않았다. 위기에 직면한 나의 해결 방법이 효율적인 것이냐 아니냐만이 당면 과제였을 뿐…….

이제는 그들에게 선택의 다양성을 기대하기는 글러버렸다. 그것은 나의 손에서 이미 벗어나버렸다. 제국은 스스로에 의해 무참히 상처받고 있는 중이었다. 그때 어리석은 장군들이 나를 찾아와 여전히 어리석은 질문을 던졌다.

"왕이시여, 왜 우리 병사들은 싸우기를 원치 않는 겁니까?"

여전히 우둔한 그들의 질문을 나는 나의 다정한 침묵 속으로 밀어넣었다. 그러고는 스스로 다시 물었다.

'왜 그들은 지금에 와서 죽음을 두려워하는가?'

그리하여 나의 지혜는 금방 하나의 해답을 찾아냈다. 사람들은 양을 위해서나 염소와 저택을 위해서나 산을 위해 자신을 희생시키려 하지 않는다. 왜냐하면 그것들은 아무런 대가 없이도 영원히 존속할 것이기 때문이다. 하지만 사람들은 그것들을 지켜주는 제국을 알고 있다. 그리하여 양과 염소와 저택과 산이 만들어주는, 보이지 않는 매듭을 위해 죽을 수 있는 것이다.

사람은 자신의 생명을 이러한 단순성과 교환하는 족속이다. 자기 생애보다 더 오래 지속되는 훌륭한 작품 또는 몇 세기 후에도 의연한 성전과 자신의 생명을 교환한 사람은 자신의 눈이 물질의 부조화에서 궁전을 구제할 것이라 예감하고, 그 찬란함에 매료되어 그 안에 침잠되기를 원하면서 기꺼이 자신의 죽음을 받아들인다.

그는 자기보다 더 위대한 것에 의해 받아들여졌고, 그에 대한 사랑에 헌신한다고 믿고 있기 때문이다. 그러나 어떻게 생명을 세속적인 이해관계와 바꾼단 말인가. 이해관계란 우선 살기 위한 것이 아니던가.

나는 그들을 사로잡아둘 수 있는 새로운 교훈이 없을까 곰곰이 생각해보았다. 그러나 조각가들처럼 창조적인 방법이 현재의 내게서 나올 수 없다는 결론에 이르렀다. 결국 나는 번민에 빠져 신에게 깨우쳐달라고 기도했다. 이런 와중에 여기저기서 가짜 예언자들이 창궐했다. 또 그들을 따르는 신자들이 활기를 띠기 시작했다. 마침내 그들은 자신의 신앙을 위해 죽을 준비를 마쳤다. 비록 드물긴 했지만…….

하지만 그들의 신앙은 다른 사람에게 아무런 가치도 없었다. 조그마한 교회들은 이와 같은 상황에서 지어졌다. 때문에 그들은 분별없이 서로 미워했고, 모든 것을 거짓과 진실 두 개의 잣대만으로 구분하는 습관을 갖게 되었다. 조금도 진실이 아닌 것은 거짓이었고, 조금도 거짓이 아닌 것은 진실이었다. 그러나 거짓은 철저하게 진실의 반대가 아니었다.

그것이 똑같은 돌을 다른 방법으로 배열한 것이고 똑같은 재료로 만들어진 또 다른 성전에 불과할 뿐 더 진실하지도, 덜 거짓되지도 않다는 걸 알고 있던 나는 더 허망한 진실을 위해 죽을 준비가 된 그들 때문에 피눈물을 흘렸다.

나는 신에게 기도했다.

"신이여. 저들의 진리들을 지배하면서, 그 안에서 고유한 진리들을 모두 받아들일 수 있는 오직 하나의 진리만을 가르쳐주십시오."

서로 투쟁하는 풀들을 가지고 내가 유일한 영혼을 가진 생명 나무를 만든다면, 그때에 이르러 이 나뭇가지는 다른 나무의 번성과 함께 성장할 것이며, 나무 전체는 햇빛을 받고서 신비스럽게 협조할 것이고 개화를 준비할 것이다. 그러나 어떤가? 지금 나의 불꽃들은 스스로 사멸하려 하고 있다. 그리하여 나는 내면의 영혼을 향해 탄식했다.

"아아, 나는 저들을 포용할 만한 가슴이 없는 허수아비 왕이었던가?"

권력의 실체

 나는 말없는 사랑으로 나의 진리를 실천했다. 제국을 혼란케 한 다수의 사람들을 단호히 사형에 처해버렸다. 이러한 결정은 잠재되어 있던 반역의 불씨를 일으키는 계기가 되었고, 그 불꽃을 완전히 꺼뜨리는 계기까지 되었다.

 반역자들은 현실만 바라보고 있었다. 그들은 어떤 분명한 진리의 이름으로 새로운 진리가 멸망한다는 사실을 직시하지 못했다. 내가 신의 예지로부터 권력에 관한 교훈을 얻은 것은 바로 그때였다. 권력이란 엄격한 그 무엇에 의해 설명될 수 없다. 단지 언어의 단순성에 의해 설명되는 것이다. 물론 새로운 언어를 피지배자들에게 강요하기 위해 엄격함이란 절대적으로 필요하다. 왜냐하면 새로운 그 무엇을 설명할 수 있는 것은 아무것도 없고, 그것은 더 이상 진실이나 허위 같은 것으로 설명될 수도 없는 까닭이다.

 그러나 인간들 서로를 부정하게 내버려두고 그들 서로를 분리시킬 하나의 언어를 어떻게 강요할 것인가. 그것을 엄격함이라 할 수 있을까. 그러한 언어를 강제한다는 것은 분할을 강요하는 것이고, 한편으로 엄격함을 부수는 일이다.

내가 사물을 단순하게 만들려 한다면 독단만으로 가능할 수도 있다. 그러나 나는 사람들에게 자신과 전혀 다른 사람이 되도록 긴장을 풀고 명확하고 더 너그럽고 더 열정적이 되라고 가르쳤으며, 그들의 갈망을 자신의 내면과 합치도록 했다. 그 효과는 즉시 나타났다. 개구리가 올챙이 적 생각을 못하는 것같이 병사들은 이전보다 훨씬 강인해진 자신들의 광채와 오만 속에 도취되어갔다. 그리하여 그들은 과거보다 더 강력한 무력을 갖게 되었다.

내가 추구하는 권력이란 바로 이런 것이다. 매질을 통해 가축으로 하여금 털갈이를 하게 하고, 그 가축들이 변모하도록 억지로 떠미는 기념비적인 문, 그렇다고 그들 모두가 억지로 움직이는 것만은 아니다. 그들은 개종된 자들이기 때문이다. 그러나 그렇지 못한 대다수는 자신들이 날개를 가졌다는 것을 인식하지 못하고, 단지 손발이 잘려나갔다는 슬픔에 젖어 절망 속으로 빠져든다. 그리하여 다시금 안타깝게도 쓸모없는 인간들의 피가 강물을 빨갛게 물들였다.

사형을 당하게 된 사람들은 죽음의 와중에서도 나의 오류를 일깨워주려 했다. 그런 어리석은 광경을 바라보며 나는 신에게 다음과 같은 기도를 올렸다.

"신이여, 저는 모든 갈망이 아름답다는 것을 압니다. 자유의 갈망과 규율의 갈망도 그러합니다. 명상을 허용하는 시간에 대한 갈망과, 육신을 벌하고 인간을 위대하게 만들어주는 정신적 사랑에의 갈망, 건설해야 할 미래에 대한 갈망, 구원해야 할 과거에 대한 갈망, 씨앗을 심는 전쟁에 대한 갈망, 추수하는 평화에 대한 갈망……. 이런 모든 갈망이 허튼 논쟁의 결과물이란 것 또한 저는 잘 알고 있습니다. 그리고 이러한 논쟁은 이제 더 이상 존재하지 않는다는 것까지 말입니다.

저는 전사들의 고귀함과 성전의 아름다움을 완성하고 싶습니다. 인간들은 자신들의 목숨을 성전의 신성함과 바꾸며, 성전은 그들에게 생의 의미를 부여하는 일을 반복하고 있습니다.

신이여, 우리의 세계는 슬픔 속에서도 어떤 황홀함을 향해 나아가고 있습니다. 어떤 소녀의 눈물과 같이 커다란 목표를 향해 가는 이 와중에, 저에게는 하나의 위안이 되고 있음을 압니다. 또 그것이 이 세계를 지탱해가는 힘일 것입니다."

이길 수 없는 전쟁

전쟁이 소강 상태로 접어들었을 때만큼 견디기 힘든 일도 없다. 나의 장군들은 적을 이기기 위한 교묘한 계책을 세우는 데 골몰해 있었고, 그 작전의 성공을 위해 무진 애쓰고 있었다. 신이 그들을 곁에서 감싸주지 않아도, 그들은 너무나 정직하고 부지런하게 병사들을 이끌었다. 하지만 그들은 실패만 거듭하고 있었다. 내가 보기에 그것은 너무나 당연한 결과였다. 나는 그들을 장막으로 불러들여 이렇게 말했다.

"그대들은 결코 이길 수 없는 전쟁을 하고 있다. 왜 박물관에나 가 있을 완벽을 추구하는가. 왜 실패를 두려워하는가. 미래가 사전에 증명되리라 생각한다면 오산이다. 여러분들은 화가와 조각가, 상상력이 풍부한 발명가들이 새로운 의식을 깨우치지 못하도록 방해하는 것과 똑같이 여러분 자신들의 승리조차 방해하고 있다고 생각지는 않는가.

제국은 나무처럼 자란다. 이 나무들이 태어나고 자라나려면 인간이 필요하다. 그런 까닭에 그 현상 자체를 생명의 표현이라고 할 수 있다. 그런데 그대들은 이 생명력에 대해 물 주고 가꿀 생각은 못하고, 있는 그대로의 모습만 계산하고 미루며, 단지 누구에겐가 보여주기 위해서만 노력할 뿐이다.

그것은 눈뜬 장님의 몸짓과 같다. 만일 그대들이 그런 집념만 염두에 두고 한 도시를 욕심낸다면 아무것도 얻지 못할 것임은 자명하다. 그대들은 하나의 도시가 어떻게 창조되었는지 알고 있지만, 왜 그 도시가 존재하는지에 대해서는 까막눈이기 때문이다.

장군들이여, 어떤 무지한 정복자를 그의 백성들과 함께 그 누구도 어찌할 수 없는 황폐한 사막으로 던져보라. 그대들이 되돌아올 때쯤이면 그곳에는 30개의 둥근 지붕을 가진 도시가 햇빛 속에서 반짝이는 것을 보게 되리라.

정복자의 소망만이 둥근 지붕을 가진 아름다운 도시를 창조한다. 그는 자신이 원하는 도시를 건설하기 위해 필요한 모든 것을 찾아내고 이루기 때문이다. 반대로 그대들이 지금 원하는 것은 하나도 없다. 알고 있는가. 기회란 원치 않는 사람에게는 가차없이 등을 돌리게 마련이라는 것을…….

그대들이 이끌고 있는 군대는 지금 누룩 없는 밀가루 반죽이며, 곡식 없는 땅과 같다. 그것은 소망 없는 군중일 뿐이다. 그대들은 이끌고 가려 하지 않고 오로지 관리하려고만 한다. 그러므로 그대들은 어리석은 목격자일 뿐이다.

제국을 분열시키고자 하는 어둠의 힘은 그들의 물결 속에서 당신들을 인식시키고자 하기 때문에 많은 관리자를 필요로 하지 않는다. 훗날 당신들보다 더 어리석은 역사가들은 당신들이 당한 재난을 증거할 것이며, 적들이 성공하는 데 사용한 수단들을 지혜 또는 과학이라 부를 것이다. 하지만 나는 끌로 쪼아 바윗돌을 대리석 조각으로 만들 것이다. 그리하여 신의 얼굴을 감추고 있는 딱딱한 비늘들이 한 꺼풀씩 벗겨지면 사람들은 말할 것이다.

'이 대리석은 신의 형상을 내재하고 있었다. 이것을 쫀 이는 단지 수단에 불과하다.'

그러나 신은 조금도 계산하지 않고 돌을 빚어냈음을 알라. 이 조각의 얼굴과 미소와 광채는 땀과 끌의 타격과 대리석의 내재된 힘으로 이루어진 작품이 아니다. 이 결과는 돌에서 솟아난 것이 아니라 오로지 창조자의 피조물임을 알라."

너의 곳간을 바꾸어라

"우리는 사람들이 왜 서로 분열하고 증오하는지를 알아내야 합니다."

나의 장군들은 늘 이렇게 말한다. 때문에 그들은 다투는 사람들을 출두시켜 분쟁의 원인을 조사하고 조정하려고 애썼다. 정의와 부정의 차이를 이해시키려 했으며 쌍방간의 오해가 무엇인가를 추구했다. 또 현상과 질투를 분간하려 했고, 너그러운 행위가 무엇인가를 사람들에게 알려주려고 했다. 그렇지만 한 가지 사건은 조명하기에 따라 저속하기도 하고 고상하기도 했으며, 잔인하면서 위대하기도 했다. 이렇듯 다양한 해석이 나오자 그들은 마침내 두 손을 들고 말았다. 올바른 판단을 도출해내기 위해 숙고에 숙고를 거듭했지만 결론이 나오질 않았다. 드디어 그들은 지친 나머지 이렇게 선언해버렸다.

"이런 너절한 일에는 오직 한 가지 해결책밖에 없다. 그것은 히브리인들이 말하는 대홍수뿐이다."

이런 그들을 보면서 나는 아버지의 말씀을 회상했다.

'곰팡이가 밀 속으로 들어갔으면 밀 밖에서 곰팡이를 찾아라. 너의 곳간을 바꾸어라. 인간들이 서로 미워하거든 그 까닭을 그들에게 듣지 말라. 그들은 자신들이 그 미움만큼 사랑도 갖고 있음을 깨닫지 못하고 있

기 때문이다. 하지만 그런 무지조차 온전히 그들의 몫임을 알라.'

 그러므로 나는 장군들의 이런 번민이나 사람들의 분쟁에 일체 관여하지 않았다. 나는 단지 그들에게 하나의 탑을 쌓으라고 명령할 것이다. 그와 같은 위대함 속에서 자신의 증오를 지배케 하리라.

❧ 다른 사람을 섬김으로써

　제국의 지배자였던 아버지는 새로운 영토를 얻을 때마다 총독을 임명해 다스리도록 했다. 또한 그 땅에는 이방인들의 위협이 상주하고 있었으므로 휘하의 장군들을 보내 안전을 도모케 했다. 그런데 영토의 끝에서 끝을 오가는 사막의 대상들이나 여행자들이 아버지께 찾아와 이렇게 고했다.

　"붉은 사막의 땅에 있는 장군이 총독을 모독했습니다. 그리하여 두 사람은 견원지간이 되고 말았습니다."

　"서쪽 지방의 총독이 휘하의 장군을 미워하고 있습니다."

　"왕이시여, 동쪽 지방의 총독과 장군이 중대한 소송을 벌이고 있습니다."

　이런 보고가 자꾸 들어오자 의혹을 품은 아버지는 그들에게 벌어진 불화의 원인을 알아보았다. 그 원인은 대개 사소한 모욕에 의한 복수심이었다. 그로 인해 총독과 장군들 사이에는 부끄러운 치부를 들추거나 비인간적인 욕설이 난무했으며, 불화와 간통과 음모가 판을 쳤다. 그리하여 최종적으로는 화해할 수 없는 소송에 이르게 된 것이었다.

　아버지는 그런 사건들의 배후에 명백히 옳은 사람 하나와 그릇된 사람 하나가 있다는 것을 잘 알고 있었다. 하지만 진실을 캐내는 것보다는 그런 과정이 피곤한 법이다. 아버지는 이유없이 죽어가는 짐승들에게 관심을 기울이기보다 외양간을 태워버리는 분이었다. 때문에 아버지는 이렇게 말씀하셨다.

"그들은 연회석상에서 상석에 앉기 위해 걸음걸이를 서두르거나 서로의 눈을 노려보는 사람들이다. 서로의 지혜를 헛되이 겨뤄 낭비하는 사람들이다. 이런 부질없는 일에 왜 내가 귀를 열고 시간을 허비하겠는가. 나는 그들이 낟알을 나눠 갖기를 원치 않는다. 둘 사이에는 오로지 명령과 복종이 있을 뿐이다. 이제 그들은 섬김으로써 제국에 봉사해야 할 것이다."

그리고 아버지는 명령할 줄 모르는 총독과 복종할 줄 모르는 장군에게 가혹한 벌을 내렸다. 그들은 제국의 왕인 아버지의 단호한 명에 따라 오랜 침묵을 감내해야 했다. 얼마 지나지 않아 서로간에 훔친 낙타는 반환되고, 욕설은 사죄되었으며, 복종하는 자는 찬사를 받았고, 명령하는 자는 자신의 권력을 과시하게 되었다. 그리하여 총독들은 자신의 부하인 장군들을 연회석의 맨 앞줄에 앉도록 하기에 이르렀다. 드디어 아버지는 그들에게 본래의 자리를 찾아주었고, 평화가 깃들었다. 아버지는 이렇게 말씀하셨다.

"아들아, 그들이 품고 있던 증오는 본래 사리에 어긋나는 것이 아니었다. 하지만 그것을 표현하는 언어에 문제가 있었다. 모든 것은 간단하다. 저 신전을 이루는 돌처럼 하나하나가 자기 자리를 지키고 있으면 된다. 그리하여 돌들의 침묵과 그 위에서 이루어지는 기도의 경건함만이 중요한 의미를 지니게 되는 것이다."

범법자들의 힘

어느 날 장군들이 나를 찾아와 말했다.

"왕이시여, 제국의 좋은 풍습들이 점점 타락해가고 있습니다. 이 때문에 우리 제국은 위협받고 있습니다. 부디 법률을 강화시키고 더욱 가혹한 형벌을 시행해야 합니다. 그리고 범법자들을 단호히 참수할 수 있도록 허락해주십시오."

그들의 태도는 완강했다. 하지만 나의 견해는 달랐다. 물론 다스림에 있어 범법자들의 목을 베는 것은 중요하다. 반대로 미덕은 더욱 중요하다. 나의 백성들의 부패는 무엇보다도 그 바탕이 되는 제국 자체의 부패일 터다. 만일 제국이 살아 있고 건강하다면 제국은 그들의 고귀함을 끌어올릴 것이니까. 문득 아버지의 말씀이 떠올랐다.

"미덕은 인간 상태 속에서의 완성이다. 부패 또한 완전한 결점은 아니다. 내가 하나의 도시를 건설할 때는 도둑 집단과 천민들을 고용하고, 권력으로 그들을 귀족화시킨다. 나는 그들에게 약탈이나 파괴, 또는 모멸이 주는 초라한 도취와 전혀 다른 환락을 준다. 그러면 그들은 강건한 두 팔로 도시를 건설한다. 마침내 그들이 가졌던 오만함은 위대한 제국의 탑과 성전이 된다.

이들의 잔인성은 그대로 위대하고 엄격한 규율이 되고, 도시를 지키는 질서가 된다. 그들은 도시를 구하기 위해 성벽 위에서 죽어갈 것이다. 어떠냐? 내가 하는 말에서 진정한 미덕을 발견할 수 있겠느냐? 그동안 너는 범법자들의 힘을 경멸하며 비난한 적은 없었느냐? 만일 그렇다면 너는 제국의 정상에 힘없는 무용지물들을 앉혀놓게 된다. 쓸모없는 권력이 지배하는 세상은 악덕이 판치게 되고, 박물관의 미라가 되어 결국 하나의 죽은 제국으로 전락하고 만다."

아버지의 말씀처럼 나는 범법자들을 참수함으로써 만사가 해결되지 않는다는 사실을 알고 있었다. 타락한 인간이 다른 사람들을 타락의 구렁텅이로 몰아가는 것을 방지하기 위해 제재하는 일은 중요하다. 하지만 그것은 무르익은 과일을 창고 밖으로 내던지는 것과, 병든 짐승을 외양간 밖으로 내모는 꼴과 조금도 다르지 않다.

이런 경우, 사람들은 왜 외양간을 새로 마련하는 방법을 모색하지 않는가. 어찌하여 변화가 가능한 이들을 벌 주는 것만으로 모든 일이 해결될 것이라 생각하는가. 그리하여 나는 신에게 기도했다.

"신이여, 모든 인간들의 커다란 소망을 보호해줄 수 있는 당신의 외투자락을 제게 빌려주십시오. 제국을 파괴하는 자들을 벌 주는 일에도 저는 이미 지쳐 있습니다. 저는 그들이 타인들을 위협하는 존재이며 저의 선행을 비판하고 다닌다는 사실도 알고 있습니다. 그러나 그들 또한 하나의 진리를 전하는 사람임을 저는 잘 알고 있습니다."

미래는 현재에 없다

 어리석은 장군들은 종종 능수능란한 언변으로 나의 정신세계를 점령하고자 했다. 틈만 나면 그들은 회의란 구실로 내게 달려와 확정되지 않은 미래를 논하곤 했다.

 그들은 나의 정복의 역사와 패배의 기록들을 정연하게 정리하고 있었으며, 제국 탄생의 날짜와 죽음의 시간까지 일목요연하게 깨우치고 있었다. 이러한 사건의 기록들이 어떤 결과를 도출해낼 수 있다는 점을 그들은 잘 알고 있었다. 그들은 자신들의 명상의 결과를 지나친 비약 안에 버무린 다음 나를 괴롭히기 위한 자료를 어깨에 가득 짊어지고 와서 이렇게 말했다.

 "왕이시여. 당신은 인간의 행복과 평화, 제국의 번영을 위해 행동해야 합니다. 어떤 의미에서 우리는 학자입니다. 우리는 제국의 역사를 연구했습니다. 그러므로 우리의 말에 귀기울여주십시오."

 나는 고개를 저었다. 학문이란 언제나 반복되는 것이 아니던가. 그들은 자신들이 요구하는 결과에서 원인을 발견하고 추적하기 위해 학문을 제시하고 논리를 사용한다. 모든 결과는 하나의 원인을 가지며 모든 원인은 하나의 결과를 도출할 뿐이라고 그들은 내게 말한다. 그리고 원인에서 결과까지 가는 도중에 자꾸 한 말을 되풀이하면서 장황하게 오류 속으로 빠져들고 마는 것이었다. 왜냐하면 결과에서 원인까지 거슬러 올라가는 것과, 원인에서 결과로 내려가는 것은 확연히 다른 것임을 그들은 모르고 있기 때문이었다.

나는 그들처럼 한 곳에 머물러 있지 않았다. 나는 광활한 사막의 한가운데서 적들의 역사를 읽고 있다. 한 걸음 앞서 한 걸음을 떼었기 때문에 그 다음 역시 한 걸음을 뗄 수 있다는 것, 사슬은 고리가 파손되지 않아야 고리에서 고리로 이어진다는 것, 나는 이와 같이 엄연한 역사의 진실을 잘 알고 있다.

바람이 불지 않았다면 나는 모래 위에 쓴 글씨를 통해 흔적을 추구하고 사물의 근원까지 거슬러 올라갈 수 있으며, 대상들을 추적해 그들이 머물고 있는 협곡을 찾아낼 수도 있다. 하지만 그런 흔적을 찾는 일 외에 지식이란 빈약하기 그지없는 것이다. 그것은 사람들이 가슴 깊이 품고 있는 증오라든가 사랑에 관해서는 한마디도 쓰거나 말하지 않았다.

"왕이시여. 그렇기는 해도 모든 것은 증명되게 마련입니다. 우리가 증오, 사랑 따위에 대해 설령 기록이 빈약할지라도, 그것들의 본질을 지배하는 것을 공포라고 이해한다면 그것들의 움직임도 충분히 예측할 수 있을 것입니다. 그러므로 미래는 현재 속에 분명히 포함되는 것입니다."

장군들은 아마 이렇게 말할 것이다. 그런데 나는 예측할 줄은 모르나 건설할 줄은 안다. 미래란 건설하는 것이지 파괴하고 회상하는 것이 아니다.

내가 예측할 줄 안다고 말하는 순간 나는 오류를 범하는 것이다. 나는 창조하는 제국의 지배자이기 때문이다. 주위의 부조화 속에서 나는 나의 분명한 얼굴을 제시했을 것이며, 그것을 강제로 부과했을 것이고, 인간들을 통치할 것이다. 가끔은 붉은 피까지 강요하는 영지와 마찬가지로…….

우리가 미래를 다룬다고 말하는 것은 헛되고 덧없다. 유일한 가치는 현재의 세계를 표현하는 것이다. 그리고 표현한다는 것은 현재의 부조화와 더불어 그의 지배자를 찬미하는 일이며, 돌을 가지고 침묵을 강조하는 것이다. 그 외의 나머지 주장은 헛소리에 불과할 뿐이다.

변신을 위하여

 어두운 밤, 나는 검은 바위 꼭대기에 올라가 나의 영지를 오랫동안 응시했다. 성채를 둘러싼 세 개의 구릉에는 총과 화약을 갖춘 보초들이 어둠보다 좀더 진한 점으로 구분되었다. 죽은 나무처럼 멎어 있는 공간, 그 안에 숨쉬고 있을 수많은 백성들을 의식하면서 나의 정신은 점차 명징해졌다. 그리고 제국의 핏줄이며 심장인 그들의 생명력을 느꼈다. 이제 저 맥박을 고동치게 해야 한다.
 애벌레는 번데기와 함께 존재를 잊는다. 식물들은 씨앗을 여물게 한 다음 깊은 잠에 빠져든다. 그렇듯 허물을 벗는 자는 누구나 슬픔과 고뇌의 시간을 알고 있다. 죽음과 회한을 알고 있다. 그러므로 백성들은 소생시킬 수 없는 낡은 제국을 거쳐 변신할 것이다. 하지만 사람은 애벌레나 식물같이 거듭날 수 없다. 어른이 아이가 될 수 없는 것처럼……. 그런데 그들은 내게 요구한다. 권태로운 놀이에게 벗어나게 해달라고, 어린 시절 느꼈던 어머니의 젖냄새를 맡게 해달라고. 그러다가 그것이 불가능하다는 것을 알고 나면 창백한 표정으로 돌아선다.
 어쩌면 그들은 한 여자의 품속에서 자신들의 새로운 제국을 발견할지도 모른다. 하지만 그것이 과연 가능하겠는가. 어떻게 이 부조리한 세계속에서 씨앗의 행복을 돌이킬 수 있겠는가. 그녀를 사랑할 수 있겠는가.

나는 끊임없이 그들을 용서하고 다독일 것이다. 그럼으로써 마침내 그들은 변신할 것이다. 슬픔과 죽음 뒤에 있는 기쁨과 생명력을 볼 것이며, 어둠을 꿰뚫어보는 눈을 가질 것이다.

이로 인해 사랑이 담겨 있는 나의 제국은 약동할 것이다. 왜냐하면 이 제국은 논리학자의 작품이 아니라 창조자와 조각가의 작품이기 때문이다. 그들은 대리석 안에서 신의 형상을 발견할 수 있고, 그 안에 숨어 있는 신의 사랑을 느낄 수 있는 사람들이었다.

건축가와의 대화

나는 도시의 건축가들을 불러모은 다음 이렇게 말했다.

"그대들에게는 미래의 도시를 건설해야 할 커다란 사명이 있다. 그 도시에서 사람들은 정착민의 행복을 맛볼 것이다. 나는 그들이 도시의 안락을 쓸데없이 낭비하지 않고, 중요한 것과 긴급한 것을 구별할 줄 알 것이라고 생각한다. 예를 들어 인간에게 양식은 매우 긴급하지만 사랑이나 삶의 의미, 신에 대한 헌신은 더욱 중요하다.

나는 번창하는 그 무엇에도 관심이 없다. 다만 나는 인간의 행복과 번영, 안정을 희구하고 있다. 때문에 부유한 상인들보다 바람을 따라 흘러다니는 방랑자들이 더 아름답게 느껴진다. 그들은 날마다 제국을 새롭게 만들어준다.

신은 자신의 위대함을 돌아보지 않지만, 인간으로 하여금 자신을 경배하도록 허용한다. 그러므로 나는 저 사막 속에 백성들을 밀어넣을 것이다. 양초는 굵기보다 뿜어내는 빛의 너비에 의해 평가된다. 그처럼 인간이 뿜어내는 빛의 품격을 나는 더 사랑한다."

그러자 건축가들은 이렇게 대답했다.

"왕이시여, 우리는 단지 사람들의 필요에 의해 집을 지을 뿐입니다."

그렇다. 사람들이 가축떼를 보호하기 위해 외양간을 짓고 마른 짚을 깔아주는 것처럼 인간에게는 그들이 만들어주는 벽이 필요하지만, 더불어 밤하늘의 성좌나 너른 바다도 필요하다. 그것들이 있기에 사람들은 집이라는 공간에 자신의 결과물을 쌓아두고 기뻐할 수 있다. 드넓은 우주 속에 자신을 가둘 만한 벽이 있기에 그것이 가능하다.

폭풍우를 헤치거나 사막을 뚫고 달려온 사람들은 건축가들이 쌓아둔 돌을 찾아 도시로 스며든다. 그들은 그 집 안에서 자신들이 경험했던 항구의 물과 신비로운 사건을 회상하며 단잠에 빠질 수 있다.

건축가들은 과거에도 그랬고, 현재나 미래에도 끊임없이 돌을 쌓을 것이다. 그 돌로 이루어지는 공간이 아무리 좁을지라도 깊은 숲이나 푸른 평야처럼 사람에게 이로움을 주기 때문이다. 그러므로 그들은 땀과 열정이 담긴 진정한 작품으로서만 태어나고 성장하리라고 믿는다. 하지만 완성된 작품은 결코 그들을 위해 봉사하지 않는다. 거꾸로 지속적인 노동을 강요할 것이다. 그리곤 마침내 그를 버릴 것이다.

돌은 이기적이다. 그들은 만들어진 그대로의 모습을 고수한다. 그러므로 건축가들은 그 돌에게 위대함을 심어줘야 마땅하다. 돌은 누군가와의 경쟁 상대가 아니고, 안락을 위한 피난처도 아니며, 항상 수리해줘야 할 운명의 대상이 아니다. 오로지 스스로가 신으로 향하는 발판이며 층계이며 배임을 알게 하라. 그때에 이르러서야 건축가들은 위대해질 것이다.

역사의 그림자를 좇지 말라

나의 장군들은 어리석음 속에서도 점점 능수능란한 언변으로 나를 피로하게 만들었다. 그들은 드디어 역사를 거론하기 시작했다. 내가 행한 정복과 패배, 탄생과 죽음의 날짜를 비교·검토하면서 분명한 진리를 발견했다고 떠들었다. 역사를 돌이켜보면 현재 벌어지고 있는 사건의 근원이 있으며, 다가올 미래가 보인다는 것이었다. 그러면서 이렇게 거들먹거리기까지 했다.

"왕께서는 인간의 행복과 평화, 제국의 번영을 위해 헌신하셔야 합니다. 그것은 역사에 기록될 것입니다."

나는 그런 기록이 무의미한 반복임을 잘 알고 있다. 씨앗 뿌리는 사람은 그 나무가 얼마나 자랄 것인지를 알고, 팔매질하는 사람은 돌멩이가 얼마나 멀리 날아갈지를 알고 있다. 그것은 당연하다. 하지만 그들이 모르는 것이 있다. 씨에서 나무로, 나무에서 씨로 그지없이 반복하는 삼나무의 운명을 어찌 예측할 수 있겠는가. 나는 삼나무에 대해 모른다. 그것이 어디에서 와 어디로 가는지를…….

장군들은 매우 논리적이다. 그들은 하나의 결과에서 원인을 찾아낸다. 모든 결과에는 원인이 있다고 말한다. 그리하여 그들은 원인에서 결과로 가는 지루한 여정을 장황하게 설명하는 오류를 범하고 만다.

　나 역시 그들처럼 나 자신의 역사를 읽어본 적이 있었다. 활석처럼 흩어져 있고, 더럽혀지지 않은 모래를 헤치며 나는 그것을 직시했다. 그리하여 한 걸음 앞서 한 걸음을 떼었으므로 다시 한 걸음을 뗄 수 있다는 것, 사슬은 고리가 끊어지지 않아야 계속 이어갈 수 있다는 것을 깨닫고 있었다.

　그와 같이 궁구해간다면 나는 흔적에서 흔적을 좇아 사물의 근원까지 올라갈 수 있으며, 사막의 대상들이 숨어 있는 은밀한 협곡까지 찾아낼 수 있으리라. 하지만 나는 알고 있다. 그 행위는 흔적을 따라갈 수 있을지언정 그 앞길을 예지할 수 없다는 것을……. 그러므로 흔적이란 빈약한 그림자 지식일 뿐이다. 그것은 증오나 사랑에 대해 한마디도 가르쳐주지 않는다. 그런데도 장군들은 고집을 굽히지 않았다.

　"그렇지만 모든 것은 결국 증명될 것입니다. 증오나 사랑, 또는 그것들을 지배하는 공포를 이해한다면 그것들의 움직임을 예측할 수 있습니다. 미래는 현재에 속해 있는 것입니다."

　그렇다. 우리는 걸어가는 대상의 몇 걸음 앞은 짐작할 수 있다. 왜냐하면 그들은 언제나처럼 똑같은 방향과 보폭으로 나아갈 것이기 때문이다. 그것은 분명 일상의 반복에서 얻어낸 결과다. 하지만 그가 다른 욕심을 부린다면 그런 예측은 금세 무의미해진다. 반복의 논리는 그만큼 허사롭다.

　만일 내가 과거로 돌아간다면 신전을 무너뜨려 폐허로 만들고 영지를 산산이 흩어놓을 수 있다. 그런 조작은 실로 간단하다. 그러고 나면 후세 사람들은 아무것도 예측할 수 없을 것이다. 이런 상황에서도 나는 건설할 수 있다. 미래란 하나의 건설이기 때문이다.

　하나의 창조, 그것을 바탕으로 나는 전혀 새로운 세계를 통치할 수 있게 된다. 대체 역사란 무엇이며, 그것으로 미래를 다룬다는 것은 또 무슨 헛소리란 말인가. 가치 있는 유일한 것은 현재의 세계를 표현하는 것이다. 그것은 현실의 부조화와 더불어 위대한 지배자를 조각하는 일이며, 신전을 지어 신의 침묵에 경배하는 일이다.

운명은 예측되지 않는다

여기 대탈출에 관한 오래된 기록이 있다. 그것은 제국의 변방에 있던 소금광산에서 벌어진 사건이었다.

당시 사람들이 살고 있던 곳에는 하늘에 떠 있는 태양이 활활 타올라 식물들이 말라죽고 있었으며, 강물은 물론 우물까지 말라붙어버렸다. 남은 것이라곤 우러러볼 수조차 없이 빛나는 태양과 바짝 마른 암염뿐이었다. 생존에 위협을 느낀 사람들은 하나둘 가죽부대를 들고 멀리 수정광산을 찾아 떠났다. 마침내 소망하던 수정광산을 발견한 그들은 열심히 곡괭이를 내리쳐 투명한 수정을 모았다. 얼마 지나지 않아 그들이 얻은 수정의 가치는 곧 풍요로운 대지와 물로 바뀌었다.

드디어 안정을 확신한 그들은 본래 그들이 머물던 소금광산으로 되돌아왔다. 이제 수정이 있으므로 그들은 오랫동안 안정된 삶을 영위할 수 있을 것이었다. 산은 언제까지나 조금씩 무너질 것이고, 사람들은 소금을 캐낼 것이며, 지나가는 대상들은 물과 식량을 계속 공급해줄 것이었다. 그 땅은 수백 년 전부터 변한 것이 없었다. 여전히 맹렬한 태양이 내리쬐고 거센 바람이 휘몰아치고 있었으므로, 순백의 소금산은 귀퉁이가 군데군데 허물어진 상태였지만 논리적인 사람들은 그들이 언제까지나

살아갈 수 있으리라 생각했다.

하지만 차츰 시간이 지나자 사람들은 현재의 환경에 불만을 품기 시작했다. 오래 전 수정의 찬란한 빛이 안겨주었던 오아시스의 영화가 그리워진 것이다. 그것은 역사가 증명해준 아름다운 풍경이 아니었던가. 그리하여 몇몇 사람들이 그때의 환상을 찾아 그 지방을 빠져나갔다. 급기야 수많은 사람들이 가재도구를 챙긴 뒤 그들의 뒤를 좇아 소금광산을 떠나갔다. 과거의 흔적으로 미뤄볼 때 그들의 성공은 분명한 사실처럼 보였다. 그런데 이번에 그들 앞에 나타난 것은 찬란한 수정이 아니었다. 그것은 고향보다 더 참혹한 환경의 소금산들과 작열하는 태양, 그리고 이미 그곳에 터를 잡고 있던 사나운 종족들의 공격이었다.

당황한 사람들은 공포에 사로잡힌 채 아내와 아이들을 이끌고 정신없이 도망쳤다. 환상은 아름다웠으되 현실은 참혹하기만 했다. 하지만 사람들은 고향으로 돌아오지 않았다. 여전히 수정광산에 대한 미련을 버리지 못한 채 그들은 과거가 알려주는 방향을 따라 끝없이 걸어갔다.

결국 그들은 냉혹한 태양이 선물해준 기갈에 시달리다 모두 죽고 말았다. 역사의 그림자를 헛되이 좇은 헛된 종말이었다. 어찌 그들이 이와 같이 비참한 운명을 내다볼 수 있었겠는가.

❦ 죽은 도시

나무는 하나의 질서다. 하지만 그 질서는 부조화를 얽어맨 통일성에 다름 아니다. 나무의 한 가지에는 새의 둥지가 있지만 다른 가지에는 없다. 열매가 달려 있는 가지가 있는 반면 없는 가지가 있다. 이렇듯 극단적인 부조화를 이루는 두 가지의 차이는 가지의 방향이 하늘을 향하고 있느냐, 땅 쪽으로 기울어져 있느냐 뿐이다. 하지만 나의 장군들은 서로 닮은 사물들만이 질서 안에 있다고 주장한다. 그들의 말이 옳다면 어린아이들이라도 뒤섞인 활자를 정돈해 신의 지혜가 담긴 글을 만들어낼 수 있으리라.

그러나 그것만으로는 불충분하다. 정식으로 작성될 수 없는 것, 결론에 다다르지 못한 것, 진리와 모순에 빠져 있는 것들에 대해서는 어찌할 것인가. 인간의 언어 속에서 진리는 두 개, 세 개라도 양립할 수 있음을 그들은 깨닫지 못하고 있다.

사실 대립한다는 것과 모순된다는 것은 다른 문제다. 나는 삶이라는 단 하나의 진리만 알고 있으며, 그 안에 통일성이라 불리는 질서를 인식하고 있다. 그것이 근본적으로 부조화된 재료로 이루어져 있다 할지라도 내겐 아무런 상관이 없다. 나의 질서는 하나를 통한 전체의 보편적인 협력이며, 그것은 영구적인 창조를 지원한다.

이렇듯 모순 자체들을 흡수해버릴 언어를 나는 창조해야 한다. 그것이 바로 생명이다. 질서를 창조하기 위해 생명을 백안시하는 것은 아무런 문제가 되지 않는다. 그 질서의 궁극은 완전이기 때문이다. 마찬가지로 인간들을 흰개미떼처럼 대우한다 해도 그 질서는 완벽하다. 하지만 그 흰개미떼가 내게 어떤 감흥을 주겠는가. 나의 정신이 고양되는 것은 언제나 신의 구원과 신의 왕국인 나의 제국에 살고 있는 인간에 의해서인 것을.

나는 목표를 잃은 자들의 몸짓은 잘 다듬어져 있으며, 성장하기 위해 인간은 창조해야 하고, 답습해서는 안 된다는 것을 알고 있다. 때문에 그들의 논쟁을 좌시하고 있다. 그렇지 않으면 그들은 박물관의 진열품과 다름이 없으리라.

나는 지속과 관계를 구분한다. 안정과 죽음을 구별한다. 삼나무나 제국의 안정성을 세월로 판단하지 않는 것도 이 때문이다. 그리하여 장군들은 변하지 않는 질서에 만족하지만 나는 정주한 이들을 미워하며, 완성된 도시는 죽은 도시라고 규정한다.

정신의 날개를 펴게 하라

마음이 영혼을 넘어서면 좋지 않다.

감정이 정신을 넘어서면 좋지 않다.

언뜻 보기에 정신보다 감정으로 제국의 백성들을 결합시키는 것이 쉬워 보인다. 처음부터 중요한 감정이란 없기 때문이다. 때문에 다수의 열망에 부응해 창조하는 사람을 굴복시켜선 안 된다. 열망이란 창조 그 자체다. 그들은 똑같은 배 위에 올라탄 존재들이다. 나는 그들의 양식을 은총과 빛으로 변화시켜야 한다.

나의 이웃사람들은 마음의 행로를 따라 나름의 세계를 창조해냈고, 그것을 찬미하는 노래까지 만들었다. 도시는 번창했고, 제국은 영원한 듯했다. 그 중에 몇몇 사람들은 도시를 버리고 산으로 향했다. 그들은 산자락에 옷깃을 끄는 예언자들처럼 발 아래 펼쳐질 구름과 별들의 대화, 차가운 질문과 침묵, 그 안에서 들려오는 누군가의 목소리를 두려워했다. 하지만 그들은 그 꼭대기에서 신의 젖을 마신 다음 평온한 표정으로 돌아온다.

그것은 언제라도 자신을 찾아 떠날 수 있는 권리 그 자체였다. 그리하여 그들은 다시 태어났다. 허물을 벗은 뱀같이, 수풀에 붙은 찬란한 불꽃같이······.

　산으로 가는 사람들을 내버려둬라. 그들로 하여금 그곳에서 침묵하게 하라. 그리하여 정신의 날개를 펴게 하라.

교육자들에게 고함

나는 제국의 교육자들에게 이렇게 말했다.

"여러분들에게는 하찮은 인간들을 죽일 책임이 없다. 또한 그들이 개미떼와 같이 일사불란하게 움직일 수 있도록 변화시킬 책임을 내가 부여하지도 않을 것이다. 인간들이 삶에 만족하느냐, 못하느냐는 사실상 내게 별 의미가 없다.

내가 가장 중요하게 여기는 것은 오로지 그가 더 인간적이냐, 덜 인간적이냐 하는 점이다. 나는 먼저 인간에게 행복을 물어보는 존재이지 가축떼처럼 포만감에 젖어 있는지, 부유한지에 대해서는 아무런 관심도 갖고 있지 않다."

나는 교육자들이 백성들에게 무의미한 말투보다 확실한 구조를 가진 영상을 가르치라고 요구했다. 죽은 지식보다 조금이라도 이해할 수 있는 형상이 그들에게 진정으로 필요한 것이라고 믿는 까닭이다.

"외양을 보고 그들의 능력을 평가하지 말라. 그들은 자기 자신과 싸워 온 사람들이다. 무엇보다도 먼저 그들의 사랑을 참작하라.

관습을 지나치게 강조하지 말라. 다만 그 사람이 충성과 명예를 생각하며 자신의 나무에 대패질을 할 수 있도록 인간의 창조에 대해 가르쳐야 한다. 그러므로 우선 존경을 가르쳐야 한다. 쓸모없는 빈정거림은 게으름뱅이의 몫으로, 그들 자신을 망각케 할 뿐이다.

그대들은 물질에 집착한 인간이 잃어버린 상호간의 유대감을 회복하기 위해 투쟁해야 한다. 인간에게 주고받음의 미덕이 얼마나 중요한지는 그대들이 오히려 잘 알 것이다. 그게 없다면 인간 사회의 모든 것은 삭막하기 이를 데 없다.

영혼은 명상과 기도를 통해 자란다. 그러므로 사랑의 훈련을 시켜줘라. 그 누가 인간의 사랑을 대신해줄 수 있겠는가.

거짓말과 밀고를 벌하도록 가르쳐라. 강인한 인간을 창조하는 것은 오로지 충실함뿐이다. 충실한 자는 언제고 충실한 법이니까. 그리고 충실하지 않은 자는 언제고 동료를 배신하게 마련이다.

나에게는 강력한 도시가 필요하다. 하지만 나는 부패한 인간들을 나의 힘으로 이용하고 싶진 않다. 그러므로 그들에게 완성에 대한 취미를 가르쳐라. 우리의 모든 작품은 신을 향한 행진이고, 결국은 죽음 안에서만 성취될 수 있기 때문이다.

용서나 자비를 일찍 깨우쳐줘선 안 된다. 그것들을 잘못 이해하면 욕설이나 훼손에 대한 존경으로 변하기 십상이니까.

모두 함께 할 수 있는 대중의 신비로운 협력을 가르쳐라. 그리하여 별것 아닌 환자의 상처를 치료하기 위해 거친 사막의 모래바람을 뚫고 달려가는 의사가 되게 하라. 그런 이들로 제국은 번창할 것이다."

지극히 부자이며 지극히 가난한 존재들

내 도시에는 수많은 문둥병자들이 살고 있다. 어느 날 아버지는 나를 문둥병자들이 살고 있는 변두리 지역으로 데리고 갔다.

"아들아, 여기에 한 심연이 있다."

아버지는 야영지의 인간들과 전혀 다른, 누추하고 더러운 문둥병자들 가운데 한 사람을 가리키며 말씀하셨다.

"너는 저 사람이 절망하고 있다고 믿느냐? 자, 이제 그를 잘 관찰해봐라. 지금보다 그 이하도 이상도 아닌 저 인간은 자기만의 왕국을 다스리는 왕이다. 저 문둥병자에게는 궁핍, 그것이 바로 구원이다. 너는 의미 없는 주사위 놀이를 하지 말아라. 너는 자신의 꿈이 조금도 저항하지 않는다는 단 한 가지 이유 때문에 만족할 수 없게 된다. 그것들은 실망이며 허망이며 절망이다.

모든 유용한 것들만이 네게 저항하리라. 저 문둥병자의 불행은 그의 살갗이 썩었다는 것이 아니라 그에게 있어 저항하는 것은 아무것도 없다는 데 있다. 그는 영원히 자기의 틀 속에 틀어박혀 있을 뿐이다."

도시의 사람들이 가끔 그 문둥병자를 관찰하러 오곤 했다. 그들은 산을 오르다가 화산의 분화구를 관심있게 들여다보듯 문둥병자가 사는 야영지 주위로 몰려들었다. 그들은 어떤 신비한 것을 찾으려는 듯 문둥병자가 머물고 있는 한 뙈기 땅으로 다가왔다. 하지만 그곳에는 불가사의한 어떤 것도 존재하지 않았다. 아버지는 그러한 현상들을 보여주며 말씀하셨다.

"아들아, 너는 결코 착각하지 말아라. 저 문둥병자가 지금 자신의 처지를 비관하고 불면증에 걸려 있다던가, 신이나 인간에 대한 분노를 삭이고 있다고 오해해서는 안 된다. 그에게는 그런 의식조차 존재하고 있지 않다. 그가 야영지 내의 인간들과 무엇이 다르겠느냐. 그의 눈에서는 진물이 흐르고, 그의 팔들은 힘없이 밑으로 처져 있지만 그러한 현상 자체가 그에겐 무의미하다. 이 사람이 갑자기 어떤 마음의 변화로 마차를 몰거나 돌을 날라 성전의 구석에 쌓아놓는다면 그는 어떤 삶의 의미를 찾을지도 모른다. 하지만 그의 현실은 이미 규정되어 있다."

풍습은 자연스럽게 이루어지게 마련이다. 주민들은 매일매일 그의 비참한 모습에 감동해 그를 둘러친 말뚝 사이로 돈을 던져주곤 했다. 그렇게 문둥병자는 하나의 우상처럼 도시에서 사육되었다. 축제일에 사람들은 그를 위해 음악을 연주해주기도 했다.

그것은 자비였다. 사람들은 아무도 그를 필요로 하지 않았지만, 그에겐 모두가 필요한 존재였다. 그는 사람들이 던져준 많은 재물로 뒤덮여 있었으나, 그의 것을 받으려 하는 이는 하나도 없었다. 그러므로 그는 지극히 호사스러웠으나 지극히 가난한 존재였다.

문둥병자를 향한 아버지의 말씀은 이렇게 끝을 맺었다.

"보아라! 저 사람은 이제 하품할 기력조차 없다. 드디어 그는 최악의 미덕인 권태마저 포기해버렸구나."

꽃을 보면 나무를 안다

나는 문둥병자들이 불행하다고 생각했다. 그들의 배에는 선장이 없었다. 그들은 감금 상태에 빠져 있는 것이었다. 문득 나는 그들의 상황이 어떤지 알고 싶어졌다. 그리하여 종을 울리게 한 다음 소리쳤다.
"행복한 사람들은 이리 오라."
그러자 한 여인이 두 손으로 가슴을 누르며 내 오른편으로 다가왔다.
"불행한 사람들은 이리 오라."
그러자 또 몇 사람이 조용히 다가왔다. 이 캄캄한 어둠 속에서도 행복과 불행은 공존하고 있었다. 그들의 공존의 근원은 병이었는데도 말이다. 그렇다면 그 병은 어디에서 온 것일까. 불행일까, 행복일까. 나는 논리적인 해답을 기대하지 않는다. 때문에 탄식하지도, 기뻐하지도 않았다. 백성들 중에 단 한 사람이라도 고통스러워한다면 그것은 곧 모든 이들의 고통이다. 하지만 그 한 사람이 모든 이들을 위해 자신을 희생시키지는 않는다.
기쁨도 마찬가지다. 여왕의 딸이 결혼하면 백성들은 모두가 자기 일이거나 한 것처럼 춤추며 좋아한다. 그러나 그녀는 백성들을 위해 아무것도 하지 않는다.

꽃은 나무를 증명한다. 때문에 나는 나무의 끝을 보고 그 나무의 건강함을 판단할 수 있다. 그렇다면 지금 나의 제국은 어떠한가.

✣ 밤을 서성이는 사람들

나는 고독하다. 나는 백성들을 위해 침묵과 서행을 요구받았다. 그리하여 영혼의 밑바닥까지 가라앉았으며, 산전의 권태와 쓴맛을 들이켜야 했다.

도시의 저녁 빛, 사람들이 하나둘 자신들의 거소로 돌아가고 창문에 불이 켜진다. 그렇다. 서로간에 오가는 사랑이 없다면 권태가 일어선다. 도시의 주변에는 보초들처럼 배회하는 사람들이 있었다. 그렇다. 저들은 생명의 증인들, 창문 안에 있는 사람들을 돌봐줘야 하는 존재들이다.

별들은 그들에게 말해줘야 한다. 그대는 신에 의해 선택된 존재라는 것을……. 도시의 무거운 짐을 지고 차디찬 바람을 맞으며 우리는 그렇게 서 있는 사람들이다. 그들을 보며 나는 이렇게 중얼거렸다.

"선장들이여, 나의 벗들이여. 빛 속에서 창조하고, 앞장선 자들이여. 우리의 밤은 언제까지나 이렇듯 냉혹하다. 잠든 사람들은 삼나무처럼 깊은 꿈속에서 안식을 취한다. 하지만 우리는 그들을 싣고 가는 배의 선원들이다. 주변의 악이 불태우고자 하는 사람, 낮을 향해 노를 저어가는 사람, 망루의 깃대에서 행선지를 알려주는 사람, 언제까지나 아내가 돌아오기를 기다리는 사람들이다."

창조란 맨 처음에는 잔인하다

시간이 정지된 듯한 어둠 속에서 나는 천천히 감옥으로 향했다. 그곳에는 내일 새벽 사형이 집행될 죄인 한 사람이 갇혀 있었다. 사실 그는 죄가 없었다. 하지만 군중은 평소 정의를 부르짖던 그를 지목해 침침한 감방에 내동댕이쳤다.

나를 보고 군인들이 감옥 문을 열어주었다. 천천히 돌쩌귀가 삐걱거리며 문이 열리자 엄청나게 두꺼운 벽돌과 창살이 음습한 자취로 다가왔다. 도처에 검은 복장의 군인들이 순찰을 돌고 있었다.

"허약한 인간의 육신에 가치를 부여하려면 이렇듯 삼엄한 분위기가 필요한 법인가."

나는 그를 찾아가면서 이렇게 중얼거렸다. 주변의 상황은 그를 감옥의 영혼으로 대접하는 모양이었다. 그는 이미 감옥의 사상이요, 중심지이며 진실이었다. 하지만 그의 모습은 힘들게 숨쉬며 잠든 가여운 죄수에 불과했다. 그의 숨소리가 귓가에 천둥처럼 울려왔다.

"저 사람의 꿈은 분명 아름다울 것이다. 그는 하나의 돌이기 때문이다. 그러나 그를 옭아맨 전체는 그렇지 않다. 그들은 아직 이루어지지 않은 성전이기 때문이다. 그는 더 높은 탑을 쌓기 위해 버려지는 돌이다."

문득 나는 그와 함께 산봉우리에 서 있는 듯한 착각에 빠져들었다. 세계의 정상에서 재회한 두 사람은 다시 손을 잡을 것이다. 왜냐하면 그와 나는 똑같이 정의를 원하기 때문이다. 하지만 그는 내일 새벽이 오면 죽음을 맞게 된다.

존재하는 것은 항상 불공평하다. 나는 마음이 아팠다. 왜 모든 창조란 맨 처음에는 이렇듯 잔인해야 하는 것일까. 나는 조용히 감옥 문을 닫고 밖으로 나왔다. 새벽의 보초들, 간수들, 청소부들이 나를 보고 존경의 인사를 바친다. 그들은 그 죄수를 위해 봉사하고 있는 자들이다.

'저들은 죄수의 죽음을 슬퍼할까? 물론 슬퍼하겠지. 그 슬픔은 좋은 일이다.'

이제 그 죄수는 죽어 하나의 씨앗이 될 것이다. 그의 죽음은 백성들에게 노래를 부르게 할 것이며, 분열을 모아 화합하게 할 것이다. 그리하여 언젠가 그가 말한 정의가 옳다는 것이 증명될 것이다. 하지만 지금은 아니다.

"나는 지금 하나의 계급에 열중해야 한다. 자비와 죽음을 혼동해선 안 된다. 나는 모든 이들의 행복을 위해 나아가는 데 있어 조금의 모순도 거부할 수 없다. 모든 것을 여과 없이 받아들여야 한다. 좋은 것은 좋고, 나쁜 것은 나쁘다. 그리하여 나는 약한 나의 백성들을 강인하게 키워내야 한다. 그 와중에 생기는 적들은 나를 더더욱 성장시킬 것이다."

나의 자유인들을 보라

 인간이란 희생과 유혹에 저항한다거나 죽음을 거부할 수 없는 존재다. 특히 허상에 지배되어 행동하는 인간은 우리가 조그만 관심조차 보일 값어치가 없는 것처럼 보인다. 그러한 모습은 산 속의 숱한 멧돼지나 코끼리에게서도 볼 수 있으니까. 그래서 대중은 각자에게 자신의 침묵을 허용해야 한다. 삼나무가 산을 지배한다고 산이 그 삼나무를 증오하는 것처럼 자신을 허투루 내세워선 안 된다.
 누군가 그런 논리를 앞세운 보고서로 내게 인간을 이해시키고자 설명하려 든다면 나는 그를 물통과 삽을 가지고 아틀라스 산맥을 파 다른 곳으로 옮기려 하는 어린아이로 취급할 수밖에 없으리라.
 인간은 존재하는 것이지 말로 표현되는 것이 아니다. 물론 모든 의식의 목표는 존재를 표상한다. 그러나 그 표현이란 어렵고 느리고 꼬불꼬불한 작업이다. 표현이 어렵다고 존재하는 것이 아니라고 치부해선 안 된다. 표현과 이해 사이의 거리는 참으로 멀기 때문이다. 내가 전에 이해하지 못했던 것이 지금에야 이해하게 되었다고, 그 이전에 존재하지 않았다고 생각할 수 있을까? 그러므로 혹 내가 인간에 대해 조금도 숙고할 만한 값어치가 없다고 생각한다면, 나는 크게 착각하고 있는 것이다.

산은 저기 있는데, 산을 바르게 설명할 도리가 없다. 그런데도 산은 그곳에 있다.

나는 이미 알고 있는 사람에게 의사를 분명히 표시한다. 그러나 그가 모른다면 나는 굴러가는 돌들의 균열, 라벤더 나무의 늘어진 자락, 톱니 모양으로 솟은 그 산의 꼭대기……. 어떻게 그 많은 것과 함께 이 산을 그에게 전달할 수 있을 것인가.

나를 위해 복종하는 인간을 찬미할 것인가, 아니면 존재하는 그대로를 보여주는 완강한 인간을 받아들일 것인가. 이것은 내게 매우 중요한 문제가 아닐 수 없다. 한쪽에는 나의 손짓 하나만으로 죽음을 받아들이는 사람들이 나에 대한 믿음 때문에 내게 어린애들처럼 복종하지만, 그 맞은편에는 강철같이 단단하고 숭고한 분노와 죽음의 용기를 보여주는 사람들이 자리잡고 있다. 동일한 인간에게 이처럼 상반된 두 얼굴이 살아 있다는 사실을 나는 완전히 수긍하고 있다.

불굴의 낟알처럼 나를 감탄시키는 남자, 나의 품안에서도 무릎 꿇기가 불가능한 바다와 같은 넓이를 가진 여자, 내가 남자다운 남자라고 말하는 남자. 그런 인간들은 절대 양보하지도, 타협하지도, 화해하지도 않는다.

능란함이나 선망, 또는 기교나 권태에 의해 분해되지 않는 사람들. 그 군중이나 폭군이 그 사람들을 강제로 구속하는 것, 나는 결코 용납할 수 없다. 가슴의 다이아몬드가 되어 그에게서 다른 모습을 발견하게 되는 사람. 복종하고 규율에 순종하며 공손하고, 신앙과 신뢰로 가득 찬 정신적인 혈통을 물려받은 현명한 사람들, 그리고 그러한 미덕을 가진 사람들 역시 마찬가지다. 그러나 자기 자신에 의해서만 결정하며 냉혹할 정도로 혼자인 그 사람들은 누구에게든 조금도 지배받으려 하지 않으며, 그들의 돛대 안에는 바람조차 불지 않는다. 내가 '자유인'이라 칭하는 그들의 저항은 낱낱이 흩어진 변덕에 불과할 뿐 아무것도 아니다.

나는 제국의 지도자로서, 나의 규제에 의해 백성들이 활기를 띠고 내 적인 조국을 가질 수 있도록 해야 한다는 것을 잘 알고 있다. 그러므로 이들에게서 한 편으로만 비치는 반항적인 모습만으로 그들을 규정하는 것이 명백한 잘못이라는 것을 나 스스로 잘 알고 있다. 그들의 굳건한 힘은 도대체 어디에서 오는가? 물론 종교의 힘이다. 반면 그들에게는 또 하나의 부드러운 모습이 있다. 그의 또 다른 영상은 순박한 미소 속에 기도하는 한 인간의 모습이다. 그리고 그에게는 풍요한 안식을 주는 젖가슴이 있다.

이들과 달리 타인의 움직임에 의해 살고, 카멜레온처럼 그 물이 들며, 선물이 들어오는 곳을 사랑하며, 환호성을 즐기고, 다수의 거울 속에서 스스로 판단하는 사람들. 그 모두를 나는 천민이라고 규정지을 것이다.

그들은 자신을 되돌아보지 못하며, 마치 포만한 성채처럼 화려한 보물에 둘러싸여 존재를 잃어버렸기 때문이다. 그들은 세대에서 세대로 이어지는 가훈도 없이 자식들의 성격을 들판의 승냥이처럼 놓아기르며, 독버섯처럼 세계를 향해 불쑥 일어난다.

그대는 성장하는 사람이다

사람들이 나에게 안락에 대해 물었다. 그때 나는 제국의 군대를 떠올린다. 병사들은 군대라는 균형 속에서 각자의 생명력을 죽여버린다. 그럼으로써 군대는 자신의 더 커다란 생명을 유지하기 위해 무한히 노력하게 된다. 바로 그러한 이유 때문에 나는 평화를 지향하는 전쟁을 시작했다. 미지근하고 안온한 모래, 독사들로 가득 찬 순결한 모래, 침범되지 않은 그 피난처, 그리고 놀면서 흰 조약돌을 변모시키는 어린아이들…….

사람들은 말한다.

"여기에 어느 군대가 행진하고 있다. 거기에는 가축떼가 걸어가고 있다."

그러나 그들이 진정으로 본 것은 무엇인가.

마음의 부富란 바로 이런 것이다. 공기 서늘한 새벽의 햇살 속에서 목욕하는 사람, 목이 마르면 우물가로 가 두레박을 끌어올려 목을 축이는 사람, 그 물의 노래와 자신의 소란스런 곡조를 구별할 수 있는 사람, 그들의 목마름은 이러한 행위로 인해 비로소 어떤 충만한 의미를 갖게 된다.

노예에게 손짓해 입술을 적시는 사람들은 샘물의 노래를 듣지 못한다. 그들의 안락함은 단지 결핍에 지나지 않는다. 그들은 고통을 믿지 않기에 기쁨도 알 수 없다.

　나는 이와 같은 인간들에게 주목한다. 그들은 음악을 원치 않으며, 껍질이 쓰다고 향기로운 과실을 포기하는 부류다. 나는 그런 행위에 주목한다. 껍질이 없다면 과실도 없다. 사람들은 특유의 부재와 행복을 혼동하고 있다. 돈을 쓰지 않는 부자는 진정으로 가난할 수밖에 없다. 산비탈을 오르지 않고는 산 정상에서 세상을 내려다볼 수 없다. 어찌 안락한 가마 위에서 아름다운 세상의 경관을 볼 수 있단 말인가.

　나는 질병보다 더 심한 목마름에 허덕이는 사람들을 보았다. 물에 대한 질투로 괴로워하는 사람들이 있다. 약의 효능을 알고 있는 육체처럼, 여인을 필요로 하는 육체처럼, 그들은 갈증 때문에 물을 요구하고 꿈속에서도 샘물 긷는 사람들의 모습을 갈구한다.

　그것은 다른 사람에게 미소짓는 여인들의 모습이다. 내가 그녀들과, 몸과 정신을 섞어주지 않는다면 아무 의미도 없다. 내가 그 일에 참여하지 않는다면 제국의 모험이란 아무런 쓸모가 없다. 이런 까닭에 점성술사들은 그들의 연구를 위해 밤을 새운다. 그리고 위대한 천체의 운행에 관한 진리를 발견하게 된다. 그 다음엔 폭발하는 듯한 감동으로 신을 경배하게 된다. 그리하여 나는 사람들에게 이렇게 말한다.

　"노력에서 도피하고자 한다면 또 다른 노력을 기울여야만 그것을 면할 권리를 갖게 된다. 왜냐하면 그대는 성장하는 사람이기 때문이다."

제왕의 친구

내 제국의 동편에서 또 하나의 제국을 통치하던 왕이 마침내 죽었다. 한때 그는 나와 처절하게 싸웠던 사람이다. 언젠가 우리는 사막 한가운데서 만났다. 고요한 자주색 천막 안에서 우리는 서로의 힘을 제대로 파악하고 있지는 못했지만, 서로의 고독만은 절실하게 이해하고 있었다. 그때 우리는 가축들의 생존에 관해 심각하게 토론했다.

그가 말했다.

"나에겐 죽어가는 2만5천 마리의 가축이 있다. 우리에겐 물이 절실하다. 네 나라에 비가 내렸다는 것을 안다. 어찌할 텐가?"

그때 나는 나의 영지 안에 다른 세계의 목자들을 받아들일 수 없었다. 나는 생소한 이방의 습관과 그로 인해 파생될 부패를 허용한다는 것을 생각조차 할 수 없었기에 그들이 제국의 경계를 넘어오게 할 수는 없었다. 나는 이렇게 대답했다.

"나에게는 자신들의 신앙을 지켜나가야 할 2만5천 명의 인간들이 있다. 그들에게는 나름대로의 소중한 삶이 있다. 그러므로 내 땅의 어느 부분도 너희에게 양보할 수 없다."

협상은 결렬되었다. 그리하여 우리는 정복을 목적으로 한 힘의 과시와 전혀 다른 전쟁을 오랫동안 치러야 했다. 그것은 서로의 위대함을 과시하기 위한 겨룸이 아니라 무기를 가진 백성들의 생존 경쟁이었던 셈이다. 그리하여 한 도시의 정원과 시장, 유물들이 완전히 파괴되었다. 물을 지키기 위해 애써 파놓았던 관개수로도 성하지 못했다.

이제 그는 죽었고, 나는 그를 생각한다. 그가 겪었을 고독과 전쟁, 그리고 인간에 대한 사랑을. 그도 그러했듯이 나는 그를 존경했다. 그는 나의 적이며, 또한 제국의 왕이었기 때문이다.

열등한 인간은 모멸을 생각해낸다. 그들은 다른 사람의 진리를 배척하기 때문이다. 그러나 진리란 공존한다는 것을 잘 알고 있는 우리로서는, 상대방의 진실을 인정함으로써 자신의 체면이 깎인다고 조금도 생각하지 않았다.

내가 아는 사과나무는 조금도 포도나무를 경멸하지 않았으며, 종려나무도 삼나무를 추호도 경멸하지 않았다. 그러나 그 나무들은 각자 강하게 굳어지며 자신들의 뿌리를 다른 나무 뿌리와 조금도 섞지 않고도 본질을 유지한다. 그는 말했다.

"진정한 교환이란 작은 향수병, 씨앗, 또는 나의 향수로써 너의 집을 가득 채우는 이 노란 삼나무의 선물이다."

그리고 그는 말했다.

"인간은 증오 너머에서, 자신을 존경하는 바로 거기에서 서로를 만난다. 가치 있고 유일한 존경이란 바로 적에 대한 존경뿐이다. 친구들끼리의 존경이란 그들이 자신들의 사은과 감사와, 온갖 저속한 행동을 지배할 때만 가치가 있다. 네가 친구를 위해 죽는 일에 대해 스스로 감동하는 것은 금물이다."

그리하여 그는 내 마음속의 한 친구가 되었다. 사막의 모진 폭풍우 속에서 날카로운 칼을 부딪치면서도 우리는 깊은 환희를 가지고 서로 만나는 것이다. 하지만 인간의 언어는 너무나 제한적이라 이 깊은 마음을 제대로 표현할 수 없다. 아아, 기쁨이란 결국 신의 영역 속에서만 제대로 표현될 수 있는 것인가. 그리하여 마침내 그가 숨을 거두었을 때 흘린 나의 눈물을 신께서는 용서하시리라.

완성되지 않은 나의 불행, 나는 그것을 잘 알고 있다. 어쩌면 나의 눈물은 아직도 미숙한 영혼에 기인한 탓이었을 것이다. 그리하여 친구는 나에게 죽음을 가르쳐주었다. 나는 캄캄한 밤중에 귀환하는 말[馬]처럼 세계의 이 커다란 동요를 응시했다.

"신이여, 지금은 밤입니다. 당신의 의지대로 또 낮이 올 것입니다. 그러나 이 만들어진 세월 속에서, 이 지나가버린 시대에서 잃은 것은 무엇입니까? 저는 지금 번민하며 존재하고 있습니다."

그의 죽음은 나를 형언할 수 없는 고요 속으로 빠져들게 했다. 순수하지도, 그렇다고 영원에 대한 성찰조차 미흡한 나, 활기찬 장미의 화원에 차갑고 목쉰 바람이 엄습해오면 나는 덧없이 시들어가고 있음을 깨닫는다. 아아, 나는 장미꽃 속에서 죽어가고 있다.

꽃은 금이 가지 않았다

지금 나는 허리 통증으로 괴로워한다. 제국의 이름난 의사들이 달려와 황망히 진찰을 해보았지만 통증의 원인을 좀처럼 찾아내지 못하고 있다. 때문에 나는 꼭 나무꾼이 내리치는 도끼를 맞아들이는 숲 속의 나무와도 같은 신세가 되었다.

눈을 뜬다. 스무 살의 단잠을 기억해본다. 나의 육신은 지금 고성古城과도 같이 퇴락하고 있다. 그래서 나는 웬만한 일은 하지 않기로 마음먹었다. 보잘것없고 개인적인 일은 너무나 쉽게 심신을 마모시키기 때문이다. 제국의 역사가들은 나의 이런 고통에 대해 단 한 줄도 기록하지 않는다. 왜냐하면 나의 이가 흔들리는 것이나 그 이를 뽑아내는 것은 그들에게 그다지 중요하지 않기 때문이다.

내가 조금이라도 그들의 동정을 기대한다면 아주 비참한 꼴이 될 것이다. 아니, 언뜻 그런 생각이 떠오르기만 해도 화가 치밀곤 한다. 꽃병에 금이 갔다고 화사하게 핀 꽃에 금이 간 것은 아니지 않는가.

사람들은 나에 대해 어떤 경우를 당하더라도 품위를 잃지 않는다고 말한다. 그리하여 고통을 견디는 나의 놀라운 정신력에 대해 온갖 미사여구를 늘어놓기에, 그런 입에 발린 말은 구멍가게 주인들에게나 가서

하라고 호통치며 조소한 적이 있다.

  통치자는 건강해야 한다. 그가 만일 자신의 육체를 지배하지 못한다면 권좌만 지키고 앉아 있는 가여운 인간에 불과하다. 나에게 실권失權이란 있을 수 없다. 내게는 오늘 저녁보다 더 자유로워질 내일의 기쁨만 있다.

  인간의 노쇠. 언젠가 나는 산 저편에 있는 것들을 알아보지 못하게 되리라. 이런 생각에 빠져들자 마음은 죽은 친구의 영상으로 가득 차게 되었다. 나는 젖은 눈길로 어두워져가는 마을을 바라보았다. 그러자 바닷물처럼 밀려온 마음속의 사랑이 나의 정신을 감싸기 시작했다.

모든 변혁은 고통스럽다

나의 도시를 좀더 활기차게 만들어야겠다. 모든 나뭇가지를 영양의 원천인 줄기와 뿌리에 맞대놓아야겠다. 침묵의 양식으로 창고와 물탱크를 가득 채워야겠다. 그러지 않으면 나의 백성들이 어떻게 사랑을 간직할 수 있겠는가.

내가 듣는 음악도 이와 마찬가지다. 사람들은 내가 듣고 있는 음악을 이해하지 못한다. 어쩔 수 없이 그들이 알아들을 수 있는 음악을 연주해주든지, 그들이 이해할 수 있는 과학을 가르쳐줘야겠다.

사람들에게 새로움을 주지 못한다면 그들이 천 년 전부터 얽매인 몽매한 습관에서 탈출하기란 요원할 것이다. 새로운 꽃과 새로운 나무를 보지 못하는 삶이란 껍데기 삶이 아니겠는가.

모든 변화는 고통을 수반한다. 내가 하나의 음악과 더불어 괴로워하지 않았다면 그 음악의 깊이를 절대로 깨닫지 못했을 것이다. 그것은 분명 고통의 위대한 결실이었다.

인간에게는 사랑도 있지만 고통도 있다. 권태가 있으며 비 오는 하늘처럼 무뚝뚝한 사람의 언짢음도 있다. 시를 음미할 줄 아는 사람들에게는 시 외에 다른 기쁨이 없는 것처럼 보이기도 한다.

인간이란 그렇게 태어난 것이다. 인간이 시의 참맛을 즐기려면 상승上昇을 도모해야 한다. 그러나 정상에서 봤던 경치가 금방 시야에서 지워지듯이, 한 번 휴식을 취하고 나서 행진을 열망할 때 보는 똑같은 풍경이 우리에게 줄 수 있는 것은 아무것도 없다. 노력 없이 잉태되는 시도 마찬가지다.

  나는 하나의 사랑에 조금도 집착하지 않는다. 그것은 내 마음의 훈련일 뿐이다. 내가 통치하는 영지나 성전, 나의 시나 음악을 이해하지도 못하면서 '다소 부유한 점을 뺀다면 나보다 나은 것이 무엇인가. 나를 통치할 자격이 있는 자는 아무도 없어'라고 강변하는 인간들이 많다는 것을 익히 알고 있다. 그렇다고 그런 것 때문에 내가 놀라지는 않는다.

  보통의 인간들은 너무나 합리적이고 회의적이며, 역설로 가득 차 있다. 평온이란 변혁하고자 하는 자의 상승에 따른 결과물이듯이, 사랑은 선물로 그대에게 안겨준 것이 아니라 정복된 산이 주는 선물이며, 높이 솟은 그대의 기반의 승리다. 그러므로 사랑을 배울 때라야만 사랑을 만난다는 말은 완전한 착각이다.

  짧은 나날의 열병으로 마음이 흔들리고 그로 인해 왜소한 언덕배기에서 나약한 승리 하나를 건져올렸음에도 불구하고, 그것이 마치 평생 동안 자신을 불태워줄 위대한 사랑을 만난 것처럼 기뻐하며, 스스로를 정복당하기 위해 인생을 방황하는 사람이 있다면, 그는 참으로 가련한 인간이다.

  상승 또는 통과가 아닌 것은 전혀 의미가 없는 것이기 때문이다. 만일 발걸음을 멈춘다면 풍경은 가르쳐줄 게 아무것도 없으므로, 그대는 오로지 권태만 누리게 될 뿐이다. 그리하여 맨 먼저 버려야 할 것이 자기 자신임을 인식하게 된다면, 그대는 아내 아니라 자식이라도 버리게 될 것이다.

보이지 않는 힘

그대가 쓴 편지를 실은 배의 대부분은 목적지에 다다르지 못하고 깊은 바다로 가라앉는다. 이와 마찬가지로 언어에서도 역사를 통해 살아남는 문구는 거의 없다. 거기에 아무리 심오한 뜻이 담겨 있다 할지라도 뒷사람들은 이해할 수 없기 때문이다. 그러므로 의미보다는 이해를 가르치는 편이 낫다. 고기가 숨겨진 곳을 일러주지 말고 고기 잡는 법을 가르쳐야 한다. 그대가 보여주는 사람은 아무런 의미가 없다. 나에게 그대 자신을 보여달라.

어떤 시인은 열정적인 어투로 시를 써서 뭇 사람들의 마음을 기쁨과 열정으로 충만하게 했다. 하지만 바다로 나간 그는 하루종일 낚싯대를 드리웠건만, 단 한 마리의 물고기도 낚지 못했다. 언젠가 그가 나를 찾아와 봄을 노래해주었으되, 내 마음의 봄은 찾지 못했다. 그런데 논리학자들과 역사가, 비평가들은 여전히 이렇게 말하고 있다.

"완성된 작품이 강력하다면, 그것은 주도면밀한 계획 하에 이루어진 것임에 틀림없다."

나의 기준으로 본다면 이 말은 전적으로 무지의 소산이다. 하나의 도시를 예로 들면, 그 도시가 아무리 자신의 위용을 자랑한들 소용없는 일이다. 그 도시는 계획으로 만들어진 것이 아니라 인간의 땀과 희망으로 만들어진 것이기 때문이다.

여자들의 허영

나는 도시의 무용수, 가수, 그리고 창녀들을 면밀히 관찰해왔다. 그네들은 온통 허영으로 똘똘 뭉친 사람들이었다. 어쩌다 내가 산책이라도 나가보면 그들이 허풍선이들을 미리 거리로 내보내 군중이 모여들게끔 꾸미는 광경을 목도하곤 한다. 그렇게 해서 사람들이 박수 갈채라도 보내면 이들은 마음속으로 기고만장하지만, 겉으로는 수줍은 듯이 고개를 숙이고 가만히 미소를 보내곤 한다.

그녀들은 피곤에 지쳐 기진맥진해졌을 때나 비로소 몸을 휘감고 있는 베일을 벗고 잠을 청하는 여자들이다. 그녀들이 순금으로 만든 목욕통에서 목욕을 하면 군중은 목욕용 우유를 준비하는 광경을 보려고 모여든다. 그녀를 위해 하녀들은 수많은 암탕나귀들의 젖을 짜고 감미로운 향료를 섞는다.

나는 이러한 행위에 개의치 않는다. 한마디로 관심이 없기 때문이다. 따라서 그들을 향해 내가 분노할 이유 또한 전혀 없다. 값비싼 물건을 좋아하는 사람을 성정이 나쁘다고 할 순 없다. 중요한 것은 그것을 어떻게 쓰느냐가 아니라 쓰고자 하는 열정이다. 그러므로 값비싼 것이 존재하는 한, 그것들이 여인들을 향기롭게 치장하거나 어찌하든 별로 중요하지 않다.

이런 까닭에 나는 논리학자들과 토론할 경우, 일단 내 영지 안에 속한 모든 것들의 열정부터 찬양하곤 했다. 그리고 치장보다 빵을 무시하는 부류에 대한 대처 방안까지 항상 준비해두고 있다.

여자도 아름다우면 하나의 기념물이 된다. 어떤 기념물이 껍데기만 화려한, 신을 모시는 성전의 역할만 수행한다면 고작해야 사람들의 눈에 금박을 부어넣는 꼴이 될 뿐이다. 그러나 여자가 아름다운 얼굴과 몸매로 유혹하면 사람들의 타고난 재능과 희생을 끌어들이게 마련이다. 그래서 그녀들은 향료가 섞인 우유로 목욕을 한다. 적어도 미美의 화신이 된다. 그러고는 먹기에는 다소 지루하지만 보기 드문 진귀한 식사로 살아간다. 그러다가 혹 생선뼈가 목에 걸려 세상을 하직하기라도 하면, 그녀들이 애지중지하던 진주 목걸이와 사파이어는 주인을 잃어버리는 것뿐이다.

그녀들은 어쭙잖은 피에로의 재담에도 정신없이 웃으며 배꼽을 움켜잡는다. 그러나 포복절도해 방바닥을 뒹굴기 전에 자신들의 빛깔에 알맞은 화사한 방석을 골라 꼭 그 위에 쓰러지는 것을 잊지 않는다. 그녀들은 사랑이라는 사치를 즐긴다. 그래서 어느 젊은 군인을 위해 자신들의 진주를 팔아 애정의 도피 행각을 즐기기도 한다. 그 군인이야말로 그녀들이 만났던 사람들 중에 가장 잘생기고 가장 영리하며 가장 멋지며 가장 씩씩한 사람이라는 것을 과시하면서…….

그 순진한 군인은 자신이 그녀들의 허영을 위한 들러리로 이용당했는데도, 여자에게 무엇인가 소중한 것을 선물받았다고 착각하면서 감사하고 도취된다.

창조는 함께 하는 것이다

협박에 대해 두려워하지 말라. 그대가 그런 하찮은 일에 모든 것을 바치단면, 결국 그것은 그대의 다른 세세한 일까지 연관지어질 것이고, 마침내 커다란 실패를 맛볼 것이다. 우리 제국도 예외일 수 없다. 또 남을 이해하려면 남의 입장이 되어야 한다. 그러면 그대는 믿는 사람의 자존심까지 지켜주는 존재가 된다. 다른 사람의 마음속까지 의심하는 것은 쓸데없는 짓이다. 그렇게 되면 결코 상대편을 이해했다고 할 수 없다.

사랑과 인내를 구별하라. 노래를 부르는 사람과 그 노래를 짓는 사람은 별개이기 때문이다.

창조는 누구와 함께 하는가. 이 문제는 서로에게 딜레마를 제거하는 일이다. 모두가 협력하고 갈구하지 않는 한 창조란 없다. 나무 그루터기가 사랑으로 묶여 있을 때만 창조가 가능하다. 여기에서 전체에 대한 개인의 복종은 전혀 문제되지 않는다. 다만 수액이 흐르는 방향이 문제다. 왜냐하면 나무는 언제나 하늘을 향해 신의 성전과도 같은 가지를 활짝 펼치기 때문이다.

침묵의 찬가

나는 여기에서 침묵의 찬가를 쓰겠다.

침묵! 그대는 결실의 음악가다. 그대는 어둠침침한 곳에 있지만 부지런한 꿀벌들이 모아놓은 꿀단지다. 충만한 바다의 안식이다.

침묵! 그대는 산꼭대기에 있기에 우리가 살고 있는 이 도시를 감싼다. 조용한 움직임, 그 외침, 그리고 저녁 꽃병 속에 든 모든 것의 움직임을 정지시킨다. 익어가는 과일의 속살과도 같은 여인들의 침묵, 묵직한 유방과도 같은 여인들의 침묵, 때때로 여인들의 침묵은 그날그날 하루하루의 다발로 일생의 허영을 이루기도 한다.

나는 내일을 향해 가고 있는 여인의 뱃속에서 어린아이의 맑은 미래를 발견한다. 그렇다. 침묵은 나의 모든 명예와 피를 책임진 수탁자다. 턱을 괴고 사색하며, 그 다음엔 지체없이 응낙하고 열매를 맺는 남자의 침묵. 그 침묵은 그를 인식하기도 하고 잊어버리기도 한다. 그러므로 침묵으로 빚어진 망각은 좋은 것이다. 침묵은 벌레와 기생충, 그리고 해로운 모든 식물들을 거부한다. 침묵은 그대가 어떤 사상을 전개하는 데도 아주 유능한 동반자다.

침묵은 사상 그 자체다. 꿀벌들의 휴식이다. 성숙해가는 침묵, 날개를 준비하는 사색의 침묵, 그것들은 당신의 내부가 흔들리지 않도록 지탱해줄 것이다. 마음의 침묵, 감각의 침묵, 내적 언어의 침묵, 영원 속에서의 침묵 신을 찾는 것은 좋은 일이다. 모든 것은 모두 말해졌기 때문에 이루어진 것이다.

신의 침묵은 양 치는 목자의 단잠과도 같다. 새끼 양이 늑대에게 위협 받고 있는 듯 보일지라도 그 안에 목자도, 숫양도 없는 깊은 정오의 오수, 그보다 더 달콤한 것은 없으리라. 이윽고 모든 것이 양털처럼 보드라운 잠에 묻히고 나면, 마침내 별빛 아래서 누가 그들을 알아보리요.

'신이여. 언젠가는 당신의 창조물들을 곳간에 밀어넣으시고, 우리에게 당신의 양쪽 문을 열어주소서. 그리하여 무사의 기쁨으로 충만한 그곳으로 끌어올려주소서.'

그러면 사람들은 바다보다 더 넓고 부드러운 물을 발견하리라. 그가 억지로 달리게 하는 어린 영양 위에 앉아 다리를 늘어뜨린 채 영양의 가슴에 목을 기대고 숨을 몰아쉴 때, 그는 샘의 노래와 더불어 그 세상을 예견했으리라.

침묵은 항구다. 신의 품안에 있는 침묵은 오가는 모든 배들의 안식처다.

미인과 거짓말

어느 날 신은 내게 아름답고 영악하며 뻔한 거짓말을 늘어놓는 여인을 보내주셨다. 그녀는 불을 숭배하는 머나먼 종족의 후예였다. 그녀가 개종하지 않는 이상 나는 그녀를 사로잡지 못할 것이다. 하지만 그녀는 자신의 운명을 인지하고 개척해가고 있었으므로 그녀는 온전히 자유로운 존재였다. 나는 바다의 신선한 내음에 눈을 감고 몸을 기울이듯 그녀에게 기대어 묻는다.

"당신은 왜 거짓말을 하지?"

말이 떨어지기가 무섭게 그녀의 커다란 눈망울이 젖어든다. 그리고는 수정처럼 맑은 눈물을 하염없이 떨군다. 그럴 때면 나는 금방 말문을 닫고 생각에 잠긴다.

'이 여인의 눈물은 불신에 대한 슬픔의 표현이리라. 여기에는 음모가 존재하지 않는다. 사실 그녀는 자신이 뭔가 다른 여자임을 보여주고 싶어한다. 본래 미덕이란 그것을 행하는 여인들보다 흉내내려 하는 여인들에 의해 지켜지니까. 미덕을 행하는 여인들은 못생긴 만큼 후덕하고 사랑받기를 원하지만, 정작 자신을 제어하지 못해 타인들에게 지배당하기 십상이다. 때문에 그녀들은 투쟁하며 자연스럽게 거짓말을 늘어놓는다.'

말로 표현되는 것은 왜곡되기 쉽다. 때문에 나는 외면하게 된다. 하지만 사랑의 마음이 있을 때는 그 말을 듣는 것이 아니라 그 목소리만 듣게 된다.

함정에 빠진 여우가 할 일이란 그 함정과 싸우는 것이고, 조롱에 갇힌 새가 할 일이란 피투성이가 되도록 조롱에 부딪치는 것이다. 여자에게 왕궁은 조롱이었고, 나는 사육사일 것이었다. 그녀의 할 일이란 언제나 지저귀며 탈출할 기회를 노리는 것뿐이었다.

이런 그녀를 나는 해방시켜주고 싶었다. 한편으로 이 살아 있는 여인에게 커다란 생명력을 느끼고 있었다. 그리하여 나는 신에게 하소연했다.

"신이여, 어찌하여 당신께서는 사랑하는 여인과 소통할 수 있는 말을 가르치지 않으셨습니까? 제 안에 갇힌 여인은 어둠 속에서 자신의 날개를 피로 물들이고 있습니다. 내가 던져주는 한 조각의 고기를 받아먹고는 언제 목을 비틀릴지 몰라 전전긍긍하고 있습니다. 그녀의 눈물을 도와주십시오. 스스로 피곤에 지쳐 나의 어깨에 기대게 해주십시오. 난파되고 불태워 연기밖에 남지 않은 여인, 하지만 나는 그녀의 대지이고 울타리이며 결구結句이고 싶습니다."

논쟁의 효용

논쟁이란 아무짝에도 쓸모없는 것이다. 그대에게 정확한 논거가 있다고 누군가에게 대항해 논쟁을 벌인다면, 그대는 한편으로 상대의 진실을 거부하는 것이 된다. 상대를 받아들여라. 그들의 손을 꼭 쥐고 그들을 안내하라.

"당신이 옳습니다. 그래도 나와 함께 산에 오릅시다."

그렇게 하면 그대는 세상에 든든한 규칙을 세우게 되고, 그들은 나름대로 정복한 평원 위에서 큰 숨을 쉬게 되리라.

사람에 대해 토론하지 말라. 그대는 언제나 원인과 결과를 혼돈하는 사람이다.

포착할 수 있는 언어가 없을 경우, 어떻게 자신의 견해로 상대방을 설득시킬 수 있겠는가. 강물과 마찬가지로 물방울이 어떻게 자신을 알아보게 할 수 있을까? 그래도 하천은 흐른다.

어떻게 나무의 세포들이 자기를 나무라고 알아볼 수 있을까? 그래도 그 나무는 잘 자란다.

어떻게 돌 하나하나가 성전을 의식할 수 있을까? 그래도 그 성전은 다락처럼 고고한 침묵 속에 서 있다.

침묵을 포용하기 위해 애써 산에 오르지 않는다면 어떻게 사람을 침묵의 눈으로 바라볼 수 있으랴. 그것은 오로지 신만이 아실 일이다. 그대는 각자의 언어가 인생을 죄다 파악할 수 있다고 믿는가?

그대에게 전쟁은 일어날 수 없다고 말하는 선동가들이 해마다 출몰할 것이다.

대개의 사람들은 자기의 처자식과 헤어져, 자신에게는 추호의 가치도 없다고 믿는 땅을 빼앗으러 간다거나 상처 입으면서 적의 손에 자신의 목숨을 내맡기려 하지 않는다. 그러므로 각각의 개인에게 선택할 것을 요구한다면 아무도 함께 하지 않으리라는 것은 자명하다. 그렇지만 이듬해가 되면 제국은 또다시 전쟁을 시작할 것이다. 그러면 각자의 빈약한 계산으로는 도저히 받아들여지지 않던 그 전쟁 속에서, 그렇게도 전쟁을 거부했던 그들일지라도 이론으로는 설명할 수 없는 윤리관으로 뭉쳐 날카로운 무기를 들게 된다.

논리 이외의 다른 방법, 그것으로 그대는 창조의 빛을 보리라.

❧ 고통이란 거름과 같다

결국 문제는 그대들이 어떻게 행동하느냐에 달려 있다. 한 여행자가 산등성이를 오를 때 자신의 목적지에 이르는 것이 어떤 의미를 지녔다고 생각하는 것은 환상일 뿐, 진정한 목적은 아니다. 마찬가지로 우리에게 현재를 받아들이지 않고서 진보란 있을 수 없다. 그런 까닭에 나는 끊임없이 새 출발을 할 것이다.

나는 휴식을 믿지 않는다. 그에 대한 논쟁이 파생된다면 어느 한 편의 간단한 희생으로써 일시적이고도 해로운 평화를 추구하게 되리라.

그대는 무엇을 보고 삼나무가 바람을 맞이함으로써 얻는 것이 있다고 하겠는가. 바람은 나무를 갈기갈기 찢어놓으면서도 그것을 제자리에 있게 해준다.

그대의 인생은 논쟁의 망각이 지불하는 비참한 화합을 얻는 데 있지 않다. 인생의 의미는 자기 본연의 모습에 달려 있다. 설사 어떤 의견이 그대와 대치될지라도 가만히 내버려두는 게 상책이다. 그 인내에서 그대의 뿌리가 솟아나오고 허물을 벗게 된다. 스스로의 내부에서 자신을 탄생하게 하는 고통은 지극히 괴롭지만 행복을 가져다준다.

때문에 나는 평화를 빙자해 자신을 단순함 속에 몰아넣고, 마음의 갈망을 억제하는 인간들을 경멸한다. 그러므로 그대 자신이 성장하려거든 논쟁과 맞서 자신을 소진시켜라. 그것이 세상을 대하는 유일한 방법이다. 고통이란 거름과 같은 것이다.

신을 지향하는 나무

여기 모래바람이 일으켜 세워줄 수 없는 연약한 나무들이 있다. 그와 같은 사람들도 있다. 그들은 자신의 장점을 사멸시키고 어쭙잖은 단점을 모아 행복이라고 치부한다. 실로 초라하기 그지없는 사람들이다.

그들은 무숙자無宿者다. 한마디로 실패한 인생들이다. 그들은 적을 인정하려 들지 않는다. 신의 음성은 필연이며 탐구이며 가이없는 갈증인데도, 그것을 맹목적으로 거부하는 자들이다. 그들은 빽빽한 숲 속에서도 햇살을 그리워하지 않는다. 따라서 그들은 어떤 경우에도 태양을 얻지 못할 것이다.

빽빽하게 둘러싸여 있는 나뭇가지는 설령 숨이 막힐지언정, 그 본체인 나무는 땅에서 솟아나 신이 있으리라 믿는 하늘을 향해 상승하기 시작한다. 신이란 결코 도달될 수 없는 경지이지만 그 방법은 이렇듯 쉽게 제시된다. 인간 역시 나뭇가지처럼 신의 공간 속에서 지어지는 것이다.

❧ 신세대와의 소통

나의 산에는 신세대라 불리는 비탈이 있다. 낯선 그들에게는 도무지 알 수 없는 언어와 소음이 공존하고 있었다. 나는 그들과 소통하는 데 지쳐 거의 무관심하기에 이르렀다. 문득 자신을 돌아보니 지치고 어눌한 듯한 모습이었다. 그러면서 나는 이렇게 중얼거리고 있었다.
"신이여, 어찌하여 제게서 자꾸만 멀어지는 것입니까. 저 역시 인간에게서 자꾸 멀어지고 있습니다."
나는 어떤 계교計巧로 그들과 가까워지고 싶지는 않았다. 무엇 때문에 나의 종려나무에게 새 신도를 맡기겠는가. 대양 위에 떠 있는 배처럼 수많은 방을 자유롭게 오갈 수 있는데, 왜 나의 궁전을 늘려야 한단 말인가.
궁전에서는 내가 지나칠 때마다 수많은 노예들이 기둥처럼 서 있다가 벽 쪽으로 물러나 경건하게 인사를 한다. 그들이 지키는 방 안에서 수많은 여자들이 나를 기다리고 있다. 그런데 왜 또 말을 달려 다른 부족의 여자들을 붙잡아와야 한단 말인가. 여자들은 여느 때처럼 두터운 융단에 얼굴을 묻고 잠들어 있다. 나의 침묵 속에 잠겨 있다. 그럴 때면 나는 조용히 신에게 다가간다. 그녀들의 잠의 의미는 대체 무엇일까. 푸넘이나 잡념, 품위를 망치는 잔재주나 해가 뜨면 살아나는 허영이 숨을 거둔 그 시간, 나는 어느덧 여자를 잊는다. 여자들의 말을 잊어버리면 남는 것은 그녀들의 놀이와 감미로운 눈물뿐이다.

비탈길을 내려오면 마침내 늙은 나 자신을 발견하게 된다. 나는 이미 가지가 많아 무거운 나무였으며, 뿔과 주름이 딱딱해진 사슴이었다. 그때 갑자기 이런 생각이 뇌리를 스쳐갔다.

'나는 사람들에게 이미 정리된 인물이다. 어떠한 배반이나 용서도 나에게는 더 이상의 의미가 없다. 그렇다. 나는 들리지 않는 소리는 듣지 않는다. 다만 들리는 소리만 들으면 그뿐이다.'

그러자 문득 어떤 질곡에서 빠져나온 듯한 느낌을 받았다. 신세대와 나의 간격은 그로써 사라졌다. 그것은 재생의 제의와도 같았다. 이렇게 그들의 영혼과 접속하자 나의 심장은 예전처럼 다시 힘차게 약동했다. 어둠에서 돌아나온 나의 젊음은 그들이 소유한 흥분이나 욕망이 아니라 오랜 허물을 벗고 찾아낸 신비 그 자체였다. 그것은 새벽에 일어나 삶의 소음으로 다가가는 젊음이 아니라 영원에 도달하는 젊음이었다. 껍질에서 벗어난 나의 정신은 여명에 물든, 드넓은 평야를 담은 것처럼 풍요로워졌다. 나는 이렇게 축원했다.

"아직도 잠들어 있는 나의 백성들이여, 그대들에게 축복하나니 계속 잠들라. 깨어나기 전의 잠은 얼마나 고마운 것이냐. 고단한 노동의 아침을 맞기 전, 막 창궐한 역병에 옮기 전, 부지런히 놀려야 할 손발이 축 늘어져 달콤한 휴식을 취하고 있는 이 시간, 신의 품속에서 감미로움을 맛보라. 이 새벽, 잠들지 않는 제국의 왕이 그대들을 지켜주고 있으니……"

다수의 판단을 경멸하라

그대여, 다수의 판단을 경멸하라. 다수의 판단이라는 것은 그대의 창조적인 판단과 성장을 방해한다. 그대의 적들은 진실의 반대말이 오류라는 것밖에 없다고 믿는 부류다. 그들 때문에 논쟁이라는 박제된 문제만 남게 되었다.

그대여, 그대가 누군가의 잠을 깨워야 할 것이냐, 말 것이냐의 문제를 내게 제기하려 한다면 나는 고개를 돌릴 것이다. 나는 그런 질문에 대해서는 아는 게 없노라고 답할 수밖에 없다. 그러나 불현듯 창 밖에 취해 쓰러진 한 친구를 그냥 잠자게 내버려둘 것인가.

사실 그런 형편에서 제대로 잠잘 수 있는 사람은 하나도 없다. 그가 정말로 한데 잠을 좋아해서 일부러 그 속에다 몸을 내던진다 해도…….

내가 여자를 경계하는 이유

그대의 여자는 자기 부모의 집을 위해 그대의 재산을 털고 있다. 가정이란 소중한 것이다. 맑은 눈을 하고 집으로 돌아오는 아이들, 분수의 노래와 향기로운 물병의 음악으로 아이들을 축복해주는 사랑이란 정말로 소중하지 않을 수 없다. 그러나 그대여, 거기에서 쉽사리 행복을 규정짓지 말라. 명성에 이끌려 사랑의 죽음이 아닌 계약이나 유혹에 빠지지 말라. 언어는 많은 것들을 분열시킬 뿐이다.

우물가에 숨어 사랑할 줄 아는 연인의 마음 안에서만 생명이 존재한다. 맹목적인 육체의 향연이란 사랑의 희생도, 선물도 아니다. 여자를 애무하는 사람이 침대 위에서 비천한 금수 같은 마음으로 가득 차 있다면 대체 사랑의 위대함을 어떻게 찾아볼 수 있을 것인가.

무기를 내려놓고 어린애를 달래는 병사보다 더 위대한 존재, 혹은 남편으로서 전장에 출정하는 사람보다 더 위대한 존재는 이 세상에 없다.

하나의 진실에서 또 다른 하나의 진실로 이행하면서 생기는 균형이나 어느 시대에서 다른 시대에 이르기까지 얻어지는 유효함은 문제가 아니다. 결합되어야 하나의 의미를 지니는 두 개의 진실이 문제가 되는 것이다.

그대가 연애하는 것은 군인으로서이며, 그대는 연인으로서만 전쟁을 치르는 것이다. 그러나 하룻밤의 잠자리에 도취한 다음 밤마다 그대를 찾는 여자는 그대에게 이렇게 말할 것이다.

"제 키스가 달콤하지 않은가요? 저는 행복해요."

분명 그대는 말없는 미소로 답할 것이다. 그러면 그녀는 이렇게 대꾸할 것이다.

"제 곁에 있어주세요. 저를 위한다면요. 욕망이 일어나면 당신은 팔만 뻗으면 돼요. 저는 열매가 주렁주렁 달린 오렌지 나무예요. 손을 내밀면 열매를 드리지요. 우리의 샘물에선 신선한 물줄기가 퐁퐁 솟아나올 거예요."

그대는 그동안 외로운 방 안에 홀로 누워 숱한 열정을 꿈꾸었을 것이다. 그대가 상상한 여인들은 모두 아름답고 정열적이니까. 그리하여 그대는 전쟁이 안겨주는 고독의 시간 때문에, 이렇게 연애할 수 있는 좋은 시기를 놓쳐버렸다고 섣부른 짜증을 부릴 수도 있다. 그러나 차가운 얼음장 같은 눈으로 직시하라. 사랑은 사랑이 없는 곳에서만 출현한다는 사실을······.

혹시 그대는 산의 우아한 자태를 산등성이에 있는 바위 위에서만 느끼지 않았는지······. 마찬가지다. 신에 대한 경험은 응답 없는 기도의 반복 속에서만 모든 걸 깨닫게 된다. 그것만이 소모에 대한 걱정을 떨쳐버리고 그대를 만족시켜줄 것이다. 이와 같이 예정된 시간이 다 지나야만, 사랑은 완성되고 존재할 수 있게 된다. 그리하여 마침내 시간의 흐름에 관계없이 사랑은 그대 것이 된다.

공허한 밤에 자기의 호소를 내세우며 시간이 자기의 보물을 앗아가고 있다고 믿는 한 인간에 대해 그대는 오해도, 동정도 할 수 있다. 사랑이란 본질적으로 사랑에 대한 갈증이라는 것을 잊는다면 스스로를 멸망의 나락에 빠뜨릴 수도 있음을 명심하라.

그대에게 말하노라, 잃어버린 기회란 중요한 것이라고……. 감옥의 창살을 향한 침묵과도 같은 사랑이야말로 큰 사랑이다. 신의 응답이 없는 기도가 사실상 풍요로운 것이다. 이러한 모든 것들이 사랑을 키워주는 율법이며 동시에 가시덤불이다.

열정과 식욕을 혼동하지 말라. 자신을 위해 갈구하는 열정은 진실한 열정이 아니다. 나무는 자기에게 아무런 대가도 돌아오지 않는 과일에다 스스로를 부어넣는다. 나의 경우도 그러하다. 백성들에 대한 나의 태도, 그것은 나의 열정이 아무런 대가도 없는 과수원을 향한 때문이다. 그러므로 그대여, 더 이상 여인에게 빠져들지 말라. 그대가 거기서 이미 맛본 것을 또다시 구하려 한다손 무슨 의미가 있겠는가. 산에 사는 사람이 때때로 바다로 내려오듯 그대는 간혹 그녀를 찾아주기만 하면 된다.

사랑의 본질

그대는 사랑과 소유를 혼동하지 말라. 누군가를 사랑한다는 것과 소유한다는 것은 엄청난 차이를 가지고 있다.

소유의 본질은 고통이다. 내가 신을 사랑하려면, 먼저 다른 사람들을 신의 품안에 던져주기 위해 스스로 엄청난 고통과 시련을 겪어야 하는 것처럼.

사랑의 본질은 증오다. 그대가 함께 식사를 한 남자, 혹은 여자에게 마음을 준다면 얼마 지나지 않아 그대는 곧 그들을 미워하는 마음을 품을 것이다. 이는 애완용 개들이 그대의 식탁 주변을 어슬렁거리며 음식을 탐하다가 쫓겨나는 것과 같은 이치다.

어쩌면 그대는 이와 같은 것을 사랑이라 부를지도 모르겠다. 그러나 사랑이 그대를 포옹하는 즉시, 그대는 굴종과 노예의 굴레에 깊숙이 빠져들게 된다. 더 이상 혼자가 아닌 그대에게 자유란 이미 저만치 물 건너가버렸다. 그렇게 되면 그대는 사슬에 묶이기라도 한 듯 괴로움에 떨지도 모른다. 사랑에 대해 내가 가장 불쾌하게 생각하는 점이 바로 이런 경우다. 그대는 내가 어떤 사랑에 빠지길 원하는가?

나도 젊었을 때 나에게서 떠나버린 여자 때문에 궁전의 테라스 위를 무거운 마음으로 배회한 적이 있었다. 그러다가 반짝이는 별빛 아래서 많은 시간을 숙고한 끝에 안정을 되찾을 수 있었다. 나는 그 여자를 되찾기 위해 무력을 동원할 수도 있었다. 그녀의 마음을 다시금 사로잡기 위해 내 영지의 일부를 던져줄 수도 있었다. 그러나 신은 알고 계시리라. 나는 결코 진실과 거짓을 혼동하지 않았다. 나는 목숨처럼 그 여인을 원했지만, 한 번도 내 마음의 갈등을 사랑이라고 규정한 적은 없었다.

  우리는 실망하지 않는 우정에서 진정한 우정을 본다. 마찬가지로 결코 침해받지 않는 사랑에서 참된 사랑을 본다. 누군가 그대에게 다가와 '그녀가 너를 해롭게 하므로 이젠 쫓아버려라' 라고 한다면 그 말을 너그럽게 받아들여라. 그러나 자신의 행동 방향을 바꾸진 마라. 누구도 그대의 의지에 대해 간섭할 권리를 갖고 있지 않다. 또 누군가 '이젠 그녀를 포기해야 하지 않을까? 너의 정성은 헛되고 말았으니까' 라고 말할지라도 그대의 처신을 바꾸진 마라. 그 누구도 그대의 소중한 것을 훔쳐갈 수는 있을지라도 빼앗아갈 권리 역시 갖고 있진 않으니까. 또 다른 사람이 추악한 계산을 강요한다면 귀를 막고 그 사람을 쫓아버려라. 그것이 현명한 방법이다.

  사랑에 대해 누가 그대에게 묻는다면 이렇게 대답하라.

  "나를 사랑한다는 것은 우선 나를 이해하고 도와주는 것이다."

  진실한 친구 한 사람은 쓸모없는 백 명의 바보들보다 백 배는 낫다는 사실, 그대여 이 사실을 명심하라.

❧ 현재를 바로세워라

그대가 지내온 날들의 열쇠는 오늘날까지 이 제국에서 숱하게 일어났던 사건들과 함께 숨쉬고 있다. 그러므로 그대가 무엇에 대해 후회한다는 것은 마치 자신이 다른 시대에 태어나기를 원하거나 순간적인 절망을 얼토당토않은 공상으로 해체하는 사람만큼이나 부조리하다.

과거는 화강암 덩어리와 같다. 돌이킬 수 없는 현실과 충돌하는 대신 주어진 하루의 운명을 받아들여라. '과거'란 낱말은 목적도, 이상도, 순환도, 완성도 없다. 그리하여 그대의 시선은 미래의 변형과 열정과 희망을 향하게 된다.

어쩌면 그대는 나에게 이런 질문을 던질 수도 있다.

"왕이시여, 제가 무엇을 지향해야 합니까? 저의 목적이 아무런 의미가 없는데도 말입니다."

그렇다면 여기에서 나는 하나의 비밀을 그대에게 말하지 않을 수 없다.

"미래를 준비한다는 것은 현재를 바로세우는 일이다."

낡은 공상에 빠진 인간들은 유토피아의 미련 때문에 각자의 순결한 힘을 잃고 만다. 그대가 믿고 있는 유일한 창작의 진리는 모든 부조리한 양상과 모순적인 언어 속에 묻힌 현재를 해석해주는 것이다.

만약 그런 미래에 관해 헛된 미망에 사로잡혀 있다면, 그대야말로 홀로 회랑과 성전을 건축할 수 있다고 믿는 바보다. 그렇다면 그대에게는 적이 없을 것이며, 적이 없다면 그 성전과 회랑은 누구의 손으로 우뚝 세울 수 있을 것인가.

회랑이란 여러 세대를 거쳐 이룩되는 것이다. 하나의 형태만 가진 회랑이 과연 무슨 의미가 있을까? 그것들은 관습에 대항하기 위해, 적들과 투쟁하기 위해 지속적으로 깎고 다듬어진다. 위대한 작품들은 이렇게 생겨난다. 정리해야 할 것은 오로지 현재뿐이다. 그 속에 펼쳐진 미래를 바라보라. 나는 양들과 염소떼, 그리고 보리밭과 가옥들, 산과 들판을 아울러 제국이라 이름한다. 이런 나의 제국에서 나는 현재를 다듬고 즐긴다.

산등성이에 올라 도시의 아련한 흔적들을 참관하노라면, 나의 도시들이 커다란 배나 그윽한 성전처럼 보일 때가 있다. 그것은 마음으로 보는 눈이다. 이와 같이 인간의 운명으로 평온과 안식을 이끌어내는 것, 이것이 바로 나의 능력이다. 그러므로 그대여, 명심하라. 창조란 미래에 대한 편견이거나 공상이 아니라 현재 속에서 읽는 새로운 경관이다. 현재란 유산으로 받은 뒤죽박죽된 자료다. 이를 정리해 스스로의 유용한 자산으로 변형시키는 것은 그대의 몫이다.

보라. 나의 정원사들은 봄의 향연을 위해 정원으로 달려간다. 그들은 꽃나무의 세밀한 각 부분에 대해 신경도 쓰지 않는다. 다만 땅을 파고 꽃씨를 뿌릴 뿐이다. 용기를 잃은 자, 불행한 자, 패배자인 그대들에게 말한다. 그대들은 승리의 군병이다. 왜? 그대들은 이 순간 다시 시작하고 있으며, 젊다는 것은 언제나 아름답기 때문에…….

불행하다고 믿는 사람들에게

 과거의 불행한 일밖에 기억할 것이 없는 패배자들에게도 청춘이란 매력은 살아 있게 마련이다. 그대들이 나의 성전에 들어오고, 내가 그대들의 마음속에 씨앗을 뿌린 다음 그대의 원만하고 기적적인 추수를 위해 말없는 위엄으로 아우른다면 그대가 절망할 이유가 무엇이겠는가.

 그대들은 드디어 승리의 아침을 볼 것이다. 그 아침에 자신의 침대 위에서 죽어가는 사람과, 열병에 걸린 사람과, 목발에 의지하고 있는 절름발이와, 집달리執達吏에게 몰려 있는 채무자들과, 헌병들에게 둘러싸인 죄수들이 온갖 불화와 고통 속에서도 한데 모여 승리의 손을 잡게 되는 것이다. 그리하여 이 왜소한 군중은 승리의 찬가를 부르는 성전의 중요한 일원이 되었다. 그리하여 그대는 마치 나무 뿌리가 두터운 흙을 헤집고 뻗어나는 것처럼 영혼이 다른 영혼에게 불러일으키는 놀라운 반향과 사랑을 보리라.

 엄청난 고난과 역경 속에서도 그대들은 함께 빵을 나눠먹으며 위안을 얻게 된다. 난로 옆의 빈자리를 권하면서 행복을 느끼게 된다. 그동안 그대는 만성 통풍환자처럼 까다롭고 귀찮은 존재였다. 하지만 이젠 진실하고 참된 친구들과 함께 하고 있다.

그렇다면 절망할 이유가 무엇이겠는가. 오로지 영원한 탄생이 있을 뿐이다. 인간에게는 돌이킬 수 없는 것이 있다. 하지만 그대여, 그것만으로 슬퍼하거나 즐거워할 일은 아니다. 존재의 본질을 직시하라. 그대가 이 세상에 존재하고 있는 이상 출생 이전으로 돌아갈 수는 없다. 그대의 현재는 과거를 돌이킬 수 없다. 그러나 현재는 그대의 발 밑에 널려 있는 벽돌조각과도 같다. 그것으로 미래의 성전을 지어라.

도자기에 얽힌 단상

 나는 잠깐 사소한 문제를 놓고 궁리한 적이 있었는데, 그것은 바로 도자기에 관한 것이었다. 어찌된 영문인지 이곳 야영지에서 빚어내는 도자기들은 매우 아름답고 단단한 데 비해 다른 야영지에서 나온 도자기들은 질이 형편없었다. 그렇다면 이 상반된 결과물을 빚어낸 장인들은 아주 다른 방법으로 흙을 반죽하고 가마에 굽는가?
 내가 관찰한 바에 의하면 전혀 그렇지 않았다. 도자기를 만드는 방법은 두 곳이 한 치도 틀리지 않았다. 그렇다면 무엇이 이처럼 극단적인 결과를 도출하는가?
 여기에서 내가 깨달은 것은 이런 것이었다. 그것은 재료도, 기술도 아닌 바로 헌신적인 정신의 산물이라는 점, 바로 그것을……. 헛된 야심에 사로잡혀 사물의 질을 무시한 채 일하는 사람들은, 설령 어떤 완성을 위해 밤을 지새운다 해도 결국엔 선멋만 비치는 조잡한 결과를 낳는다. 그들의 요란한 이해타산 속에는 신의 고귀한 성질이 들어갈 틈바구니가 한 군데도 없다.
 나는 기도 속에서 헌신하는 사람들의 마음을 훤히 파악하고 있다. 그것은 둥지를 트는 하얀 새털마냥 따스하기 그지없다. 그것은 달콤한 꿀을 모으는 꿀벌과도 같다. 그것은 오로지 도자기에 대한 열정으로 온몸을 던지는 사람들이다.

그대는 팔기 위해 쓴 시를 읽느냐? 그것은 아무것도 아닌, 보잘것없는 욕망의 비계 덩어리에 불과할 뿐이다.

노동과 여가

　노동과 여가를 구분하는 것은 바보 같은 짓이다. 사람들은 대개 자기 생애 중 하잘것없는 부분에 대해 혐오감을 품고 있다. 여가에 대해서도 마찬가지다.
　떠들썩한 놀이판에서 애써 굴린 주사위가 아무런 행운을 가져다주지 못하고, 원하는 바에 별 도움이 안 된다면 그대는 그 놀이를 당연히 그만둘 것이다. 만일 그것이 소중한 양떼나 목장을 건 노름이라면 더더욱 그렇다. 그런 행위는 모래로 집을 짓는 어린애 같은 짓이다. 그 모래는 단순한 한 줌의 돌가루가 아니다. 그것은 하나의 성채이며 산이며 배다.
　나는 진실로 즐겁게 휴식을 취하는 사람들을 보았다. 종려나무 아래서 낮잠을 즐기는 시인이 그랬고, 창녀촌에서 평안하게 차를 마시는 굵은 주름이 파인 늙은 군인이 그랬다. 또 자신이 짠 평상에 누워 해바라기를 하는 목수 역시 마찬가지였다. 내 눈에 그들 모두 신이 부여한 안식을 즐기고 있는 듯이 보였다. 하지만 많은 사람들은 자신의 여가생활이 바른 궤도에서 벗어나 있다는 점을 인식하지 못하고 있다. 하나의 인간이 진실로 휴식할 수 있는 방법은 주사위 놀이가 아니라 자신이 건축한 성전의 마지막 기왓장을 올리는 순간의 환희, 바로 그런 것이다.

노동에서 얻는 여가란 그것이 단순한 시간의 공백이든, 땀흘려 일하던 중의 휴식이든, 혹은 창조적인 발명 이후의 정신적인 회복 상태 등을 제외하고는 모두 죽은 시간이다. 그래서 하찮은 인생은 두 가지의 상반된 부분으로 이루어진다. 사역에 불과한 작업과 노동을 거부하는 여가가 바로 그것이다.

조각가들에게 존재하는 것은 문화의 한 형태이며, 그들이 완수하는 일의 결과는 고통과 기쁨과 온갖 신고辛苦의 표현이다. 모름지기 참다운 예술의 힘은 열정과 굶주림과 갈등, 자식들을 위한 음식 장만, 어떤 현상에 대한 세상의 정의 등을 모조리 포용할 수 있다는 자부심이다. 만약 이런 것들이 전혀 개입되어 있지 않다면 우스꽝스러운 피에로의 유희에 지나지 않는다.

창조란 저항에 맞서는 데서 이루어진다.

그대가 여가를 아무런 부담 없이 잠자는 데 투자할 수 있다면, 그래서 그대를 괴롭히는 온갖 부당함이나 협박에서 자유롭다면, 분명해지는 진실은 그 시간 그대 자신을 재창조하는 일보다 더 가치 있는 것은 없다. 이것은 분명한 진실이다. 그렇다고 혼동하지 말라. 유희란 무가치한 것이다. 유희에는 그에 대한 형벌이 예비되어 있지 않다.

나는 근시를 고치려고 안대를 한 사람과, 죽는 날까지 캄캄한 독방에 갇혀 있어야 하는 사형수를 구별할 줄 안다. 둘 다 평온하게 침대 위에 누워 있고, 빈 공간에서 따사로운 햇볕을 즐기고 있을지라도. 동이 틀 즈음 그들에게 물어보라. 안대를 했던 사람은 밝은 모습으로 그대를 맞이하겠지만, 사형수의 머리카락은 하얘져 있을 것이다.

아이들이 모래에다 막대기를 꽂으며 놀고 있다. 아이들은 그 막대기를 여왕이라 부르며 순진무구한 마음을 바친다. 그러나 내가 그 아이들의 방법을 따른다면, 그 막대기를 대중의 우상으로 승화시킬 것이다. 그리하여 사람들에게 손때 묻은 헌금을 내도록 강요할 것이다. 이렇게 되면 유희는 더 이상 유희일 수 없다. 인간들은 두려움의 송가, 혹은 사랑의 찬가를 부를 것이다. 결국 생명 없는 그 막대기는 차츰차츰 인간의 생명을 갉아먹게 된다.

노동은 사람들로 하여금 현실에 만족하게 한다. 노동은 돌을 만지게 하고, 비를 기다리게 하며, 홍수를 경계하게 만든다. 그럼으로써 그들은 노동을 통해 서로 마음을 나누고 넓은 시야를 갖게 된다. 노동은 사람의 발길을 인도하고 강요하며, 어느 영역에 소속되기를 요구한다. 이것이 사람의 길이다. 물론 나의 제국에서도 이러한 원칙이 통용된다.

광고

나는 상인들에게 상품 광고를 못하게 규제했다. 그들은 자신들이 교육자가 되기라도 한 듯 고매한 표정으로 단지 삶의 수단에 불과한 자기네 상품들을 사람들에게 삶의 목적으로 착각하게 만들기 때문이었다.

그들은 거리나 시장에서 헛소리를 늘어놓으며 군중을 오도하려 한다. 그들은 오로지 파는 데만 열중해, 저속한 음악으로 당신의 영혼을 꾀어내고 있다. 사람들에게 봉사하기 위해 물건을 광고하는 게 나쁘다는 건 아니다. 그러나 사람들이 상인들의 유혹에 휘말려 갈 길을 잊어버리고 쓸데없는 물건의 홍수 속에서 방황하게 된다면 실로 웃기는 일이 아닐 수 없다.

존재의 신화

창조하라, 그대에게 그런 의지가 꿈틀거린다면. 때가 되면 하루살이들이 푸줏간에 걸려 있는 고기로 달려들듯, 봉사할 사람들은 이루 헤아릴 수 없이 나타나 그대의 창조에 동참할 것이다. 만약 그대가 새로운 종교를 이룩하고자 한다면 교회를 세울 사람들은 밤하늘의 모래알처럼 많이 나타날 것이다.

창조한다는 것, 그것은 존재의 신화다. 바다로 통하는 도시에서 하수도를 만들고 도로를 만드는 것은 내가 아니다. 나는 단지 그런 일에 애착만 가졌을 뿐이다. 이러한 나의 애착으로 인해 경찰관이며 건축가며 환경미화원이나 전기공들이 생겨난다.

창조란 사물의 부조화 속에서 하나의 영역을 돌출시키려 하는 것으로, 사람들 눈에는 보이지 않는다. 나의 제국에 대한 애정처럼. 그러므로 강한 인상을 억지로 만들거나 수학 공식처럼 무엇을 증명하는 따위는 하릴없는 짓이다. 그대는 새로운 경이에 맞서 머리를 곤두세우며, 논증에 대한 더욱 훌륭한 논증을 찾아내려 할 것이기 때문이다.

성전의 그림자와 침묵을 설명하려고 그대가 성전을 해체하고 벽돌 하나하나를 들어내 보인다면 얼마나 헛된 일이겠는가. 그렇게 해서 남는 것은 침묵이 아니라 너저분하게 흩어진 성전의 유해일 뿐이다.

나는 그대의 손을 잡고 갈 것이다. 발걸음 닿는 대로 걷다가 작은 언덕배기에 오르면 내가 창조한 질서의 언덕을 바라볼 수 있을 것이다. 내가 그대를 집 안에만 가둬둔다면 그대는 편협하고 일방적인 사고방식을 가진 인간으로 사육될 것이다. 내가 세상을 만들어주고 그곳에 머물게 한다면 그대는 아무것도 볼 수 없게 된다. 하나의 관점에서 느낄 수 있는 찬란함도 다른 시각에서 보면 전혀 가치 없는 폐물로 보일 수 있기 때문이다.

그대는 나를 찬양하는가? 그러나 나는 창조하고 있지 않다. 나는 요술쟁이이며 어릿광대이며 사이비 시인일 뿐이다. 그러나 내가 이 언덕에서 바라보는 저 광활한 평원은, 그대의 한계를 벗겨주고 드넓은 가슴을 열리게 하리라.

나는 지배하지만 흔적을 남기진 않는다. 이런 경우에만 나는 왕이며 창조자다. 그렇다. 창조자나 시인은 무엇을 만들거나 보여주는 사람이 아니다. 그들은 사람이 무엇인가를 추구할 수 있도록 자극하는 존재다.

승리의 갈등

"신이여, 제게 평화를 주소서. 제 마음은 지쳐 있습니다. 친구들은 하나둘 사망의 골짜기를 헤매고 있으며, 제가 걸어가는 계곡에는 지루한 한가로움만 있을 뿐입니다. 어린아이들조차 제겐 너무나 생소하게 여겨집니다. 황금의 유혹도 지금의 저를 어찌진 못합니다. 신이여, 제게 안식을 주소서. 제게 나타나 응답하소서."

나는 군중의 열광과 꽃비 속에서 승리자로 도시에 들어서고 있었다. 제국의 영광이 찬란하게 거리를 메우고 있었다. 그러나 가혹한 신은 나를 군중 속에 포위된 가련한 존재로 인식하게 만들었다. 아아, 진정 이런 승리의 환호 속에서 잉태되는 것은 무엇이란 말인가.

일시적인 칭송의 세례 속에서, 나의 영혼은 군중의 시야에는 보이지도 않을 먼 변방으로 날아가버린 것이다. 나는 다른 사람들의 판단이나 평판에 거의 귀기울이지 않기 때문에 오히려 고독감과 깊은 슬픔에 빠져버린 것이다. 목이 말라 허겁지겁 물을 마시려 할 때 어렵사리 발견한 우물이 텅 비어 있을 때처럼.

그래서 이 열광하는 군중에게서 해방되어 더 이상 허영으로 들떠 있을 필요조차 없는, 이미 죽은 자들은 얼마나 편안할까. 이제 나에게 더 이상 가르쳐줄 것이 없는 헛소문처럼 갈채가 나를 피곤의 극에 달하게 했을 즈음, 꿈이 나를 찾아왔다.

신과의 대화

깎아지른 듯이 가파르고 매끄러운 길이 바다 위에 불쑥 나타났다. 천둥 치는 밤이 물로 가득 찬 가죽부대처럼 무겁게 내려앉았다. 고집 센 나는 사물의 이치를 물어보고 생의 목적지를 물어보기 위해 신에게로 나아갔다. 산꼭대기에 올라서니 검은 화강암이 쌓여 있었다. 그것은 움직이지도, 썩지도 않는 신의 모습이었다. 그 위에는 까마귀 한 마리가 서 있었다.

"신이여, 제게 축복을 내리소서. 왜 사랑이 저를 두렵게 하는 겁니까? 저의 친구들, 동료들, 신하들은 모두 저의 꼭두각시에 불과합니다. 저는 그들을 가르치고 복종시켰습니다. 그런데 그들은 문둥병자들보다도 더 저를 고독에 찌들게 합니다. 제가 웃으면 그들도 웃습니다. 제가 연설하면 그들은 열광합니다. 아아! 그러나 제게 돌아오는 것은 얼어붙은 메아리, 저의 목소리일 뿐입니다. 제가 이와 같은 사랑에서 무엇을 기대할 수 있겠습니까?"

그러나 빗물이 번들거리며 흐르는 화강암 더미는 아무 응답이 없었다.

"신이여. 당신 곁에 까마귀가 있다는 것, 저는 그것이 당신의 침묵으로 인한 위엄이라는 걸 압니다. 그러니 제게 하나의 징표를 보여주소서.

저 까마귀를 날리소서. 그리하면 저는 세상에 혼자가 아님을 알겠습니다. 주여, 응답하소서."

그러나 까마귀는 그 자리에서 꿈쩍도 하지 않았다.

"신이여, 당신의 판단은 언제나 옳습니다. 당신은 제게 복종하지 않는 존재입니다. 저는 당신 편이 아니었습니다. 그러나 저 까마귀가 날아오른다면 저는 더욱 슬퍼졌을 겁니다. 이와 같은 징표는 바로 제 자신에게서 받았던 것이고, 이 모든 것은 제 욕망에 지나지 않은 것임을 잘 알고 있습니다. 아아, 저는 다시 고독과 대면하게 되었습니다."

그 자리에서 물러서는 순간, 나의 절망은 처음 느끼는 생소한 침묵으로 돌변해 있었다. 나의 길은 진흙탕에 빠져 있었고, 가시덤불에 찢기고 돌풍과 싸워야 할 것이었다. 그러는 사이 나는 신이 내리는 빛줄기가 내 마음속에 간직하게 되었다는 것을 깨달았다.

신은 기도에 응답하지 않는 존재다. 기도의 위대함은 무엇보다도 교환이 내재되어 있지 않다는 데 있다.

기도의 수련은 침묵의 수련이다. 사랑은 받을 것을 전혀 기대하지 않는 곳에서만 싹을 틔운다. 사랑이란 기도의 행위이며, 기도는 침묵을 행하는 것이다.

죽음에 이를 때까지

나는 백성들이 있는 곳으로 되돌아왔다. 생전 처음으로 나는 사랑이 깃들인 침묵으로 그들을 감싸안으며 죽음에 이를 때까지 그들의 헌신을 일깨우리라고 다짐했다.

영광의 백성들은 꼭 다문 나의 입술에 도취되었다. 나는 목자요, 그들이 찬양하고 숭배한 대상이었다. 나는 그들의 운명을 지배하는 제국의 왕이다. 하지만 나는 그들보다 훨씬 가난했으며, 결코 굽힐 수 없는 자존심에 있어서도 더욱 겸허한 존재일 뿐이었다.

나는 그들에게 아무것도 기대하지 않는다. 그런데도 그들은 내 안에서 존재한다. 그들의 찬송이 나의 침묵 속에 울려퍼졌다. 그리하여 우리는 함께 신의 묵언默言 속으로 빨려들어가버릴 기도가 되었다.

친구

친구란 비판하지 않는 사람이다. 그는 낯선 나그네에게 대문을 열어주고 뛰어나와, 밝은 웃음으로 지팡이와 외투를 받아드는 사람이다. 나그네가 세상에 봄이 왔음을 이야기하면 진심으로 고개를 끄덕이며 봄을 찬미하는 이가 바로 친구이며, 나그네가 지나온 마을의 어떤 참화에 대해 말하면 눈물 흘리며 불행을 당한 그 마을 사람들을 위해 기도 드리는 이가 바로 그대의 친구다.

인간에게 친구란 신이 내린 선물이다. 그는 그대를 위해 준비된 아름다운 꽃이다. 그 향기로운 내음은 당신의 체취 속에서만 풍겨나온다. 그러므로 그대를 향한 친구의 모든 언동은 진실이라고 믿어라. 친구 사이에는 어떠한 신분의 구별이나 부의 다소가 전혀 문제되지 않는다. 오로지 평등한 마음의 교감만 있을 뿐이다. 내가 육군 대위이고, 그대가 하잘것없는 가게의 점원이더라도 마찬가지다. 두 사람은 각자의 처지에 관계없이 상대편에게 내면의 아름다운 무엇인가를 발견했고, 그러므로 서로가 마주하면서도 침묵을 용인할 수 있다.

친구여, 그대와 나의 우정은 내가 그대를 일국의 대사로 인정하는 것이다.

내가 대사를 접대할 때, 아주 먼 그들의 음식이 내 입맛에 다소 맞지 않거나 그들의 풍습이 내 제국의 관습과 다르다고 무시하며 허투루 대하진 않는다. 우정이란 무엇보다 화해를 기반으로 하며, 하찮은 일상사를 넘어선 정신의 위대한 교류이기 때문이다.

환대와 예절과 우정은 인간의 내면적인 만남의 원천이다. 신도들의 키와 건강에 대해 왈가왈부하는 교회로 누가 발걸음을 옮길 것인가. 나의 말을 하나도 들어주지 않고 나를 평가하려고 눈을 게슴츠레 뜨고 있는 사람의 집에서는 아무것도 기대할 게 없다.

그대여, 세상의 변방을 헤쳐나가노라면 그대는 스스로 판단하고자 하는 인간들을 숱하게 접할 것이다. 만약 변화하고자 하거나 스스로를 단련시킬 생각이라면 우선 그대의 적들에게 일을 맡겨라. 그들은 삼나무를 다듬는 폭풍우처럼 그대를 강인하게 훈련시킬 것이다. 그러나 기억하라. 친구는 어떤 지경에 이를지라도 오직 친구일 뿐이라는 것을……. 그대가 죽어 성전에 들어갈 때 신은 너의 어떤 일부분에 대해서는 심판하지 않는다. 다만 있는 그대로의 모습으로 맞이한다는 사실을 기억하라.

그대가 우정을 오래도록 간직하고자 한다면 우선 인간에 대한 존경심을 갖고 있어야 한다. 비평이 없는 세상에서만 어떤 종족이든 숨을 쉬게 마련이다. 만일 그대가 친구에 대해 부적절한 판단을 내리게 되었다면, 분명 서로의 만남이 적었기 때문이리라. 그러한 문제는 서로의 관용이나 나약함, 무기력함 탓이 결코 아니다. 관념의 엄격함도 별 문제가 되지 않는다. 어떤 의미에서 그대는 스스로에 대한 재판관이라고 생각하라. 그대의 언도로 사형을 선고받은 이가 있을 경우, 그 사형수가 몸이 아프다면 그대는 그를 우선적으로 치료해주려 하지 않겠는가. 자신의 서투른 말투로 인한 분쟁을 겁내지 말라. 본래 말이란 그런 허점을 내포하고 있다.

그대는 심판할 권한을 가진 동시에 신뢰할 수 있는 이성을 갖고 있다. 하나의 대상에 대해 이처럼 상반된 판단이 양립한다는 것 자체가 사실 내 제국의 신비다. 물론 이렇게 표현할 수밖에 없는 것 역시 언어의 편협성에서 근거하는 것일지도 모른다. 따라서 나는 제국의 논리학자들과 빚어지는 허다한 논쟁에 별 무게를 두진 않는다. 사막의 황량함을 딛고, 우리는 서로 싸우고 증오하며 오늘에 이르렀다. 여기에서 중요한 것은 하찮은 말싸움으로 인한 시비에 서로의 소중한 관계를 걸지 않는다는 점이다.

우리는 각자의 영혼 속에서 진리의 뿌리를 발견하고는 서로를 외경의 눈으로 바라보며, 사랑으로 굳게 손을 잡는다.

창녀에 대하여

그대는 창녀에게서 무엇을 기대하느냐. 그녀는 그대에게 아무것도 원하지 않는다. 그런 그녀에게 그대가 뭔가를 기대하고 강요한다는 것은 상상할 수조차 없는 일이다. 그렇다면 애인의 경우는 어떠한가. 그대가 그녀를 도와주기 위해 달려가고 싶다면, 그것은 그녀의 내면에 실린 어떤 고귀함을 발견했기 때문이다. 사랑이란 본래 그런 것이니까. 그렇다면 창녀와 애인은 어떻게 구별되는가.

그대는 애인을 받아들이기 위해 두 팔을 활짝 벌리기만 하면 된다. 아니, 매춘과 사랑의 구별은 선물로 가름하는 것이 차라리 쉽다. 창녀에게 적당한 선물을 준다는 건 우스운 일이다. 만일 일을 치르기 전에 곱게 포장한 선물을 준다면 그녀는 화대를 미리 받는 것이라고 판단할 테니까. 그렇다면 선의의 선물은 금세 모독이 되고, 세금을 내듯 허망한 기분에 사로잡힐 것은 불을 보듯 뻔한 일이다.

저녁 나절, 도시의 홍등가에는 군인들이 삼삼오오 짝을 지어 나다닌다. 그들은 쥐꼬리만한 봉급을 만지작거리면서 거친 사막에서 견뎌낸 갈증을 해소하기 위해 사랑을 홍정하기 시작한다. 그리하여 꼬깃꼬깃한 돈으로 산 거리의 사랑은 한 여자의 육체를 혹사시킨다. 이는 돈의 유희일 뿐, 어떤 열정의 결과물이 아니다.

창녀란 본래 황금충과 같아, 손님이 지불하는 지폐의 두께에 자신의 값어치를 매긴다. 자신의 능란한 기교와 아리따운 미모가 손님을 유혹했다고 믿는 창녀들은, 찾아온 고객들이 정신없이 뿌려대는 돈을 거둬들이며 끊임없이 자기 도취에 빠져든다. 밑도 끝도 없는 우물 속에서 그들은 밤만 되면 수천 수만의 땀방울로 얼룩진 황금을 쏟아붓는다. 그리하여 나의 충성스런 군인들은 모래알같이 모여지지 않는 헛된 애무와 열정 속에서 흐트러지곤 한다.

그들은 자신의 품안에서 꿈틀거리는 작은 동물에게서 황홀한 향연과 스스로의 사랑에 가슴을 떤다. 그러나 사랑으로 남자의 가슴을 파고드는 창녀를 그대는 본 적이 있느냐? 결국 나의 군인들은 전장에서 피와 땀으로 모은 돈을 죄다 창녀에게 던져버린다. 그러고는 진흙탕 속에서 진주를 발견했노라고 큰소리친다.

물론 그들이 그녀들에게서 사랑을 발견했을 수도 있다. 홍등가란 본래 일반 사회와 전혀 다른 분위기인데다 그 안의 인물들을 굴비처럼 한 두름으로 엮어놓아 개개인의 성격이 어떻다고 딱히 말할 수 없으니까. 간혹 술 취한 군인과 창녀가 아름다운 사랑을 맺을 수도 있다. 그러나 분명히 말하건대, 준다는 것과 받는다는 것은 엄연히 다르다. 이처럼 평범한 진리를 잊고 있을 때 그대에게 다가오는 것은 재앙뿐이리라.

🌿 완전한 여자

내가 젊었을 때 머나먼 국경 지대에서 한 무리의 대상隊商이 들어온 적이 있다. 그대는 늙은 대상을 본 적이 있는가. 그들은 자신의 조국을 추억하지 못한다. 왜냐하면 그런 추억을 이야기할 수 있는 사람은 여행 도중에 모두 죽어 길가에 매장되었기 때문이다.

우리에게 온 사람들은 그네들의 자손들이었다. 이들은 선배들에게서 전설과 추억을 건네받으며 사막을 가로질러 나의 제국까지 이르렀다.

일행 가운데 한 아름다운 소녀가 있었다. 궁에 들어와 인사를 한 다음 금으로 만든 유물함을 내려놓는 소녀는 '샘'이란 단어를 말할 수 있었다. 그런데 놀랄 만한 점은 그녀가 그 단어를 마치 기도처럼 늘 되뇌고 있다는 것이었다. 그녀는 그 옛날 행복했던 시절의 샘에 대한 전설을 들었으며, 그것을 영원히 꿈꾸고 있을지도 몰랐다. 그녀는 춤도 출 줄 알았다. 규석과 가시덤불 사이에서 익혔을 그 매혹적인 춤이 왕을 유혹할 수 있는 기도란 사실을 그녀는 알고 있었다. 그것은 그대가 신을 감동시키기 위해 죽을 때까지 드리는 기도와 다를 바 없었다. 그런데 나를 가장 놀라게 한 것은 그녀가 여자로서 지닐 수 있는 모든 것을 갖추고 있다는 점이었다. 순결한 처녀의 미끈한 가슴과 아이를 낳아 기를 수 있는 따뜻한 배를……. 그녀는 바다를 건널 준비를 마친 씨앗과도 같았다.

때문에 그녀는 나의 가슴에 순수한 매혹을 불러일으켰다. 마치 그대의 훌륭한 장점과 행동, 죽음에 임해 자신을 완성시킨 신념과도 같았다. 그뿐 아니었다. 그녀는 왕을 유혹할 춤과 입술을 적실 샘물과 꽃다발을 만드는 기술까지 갖고 있었다. 이 모든 능력은 태어나 한 번도 쓰이지 않은 채 고스란히 내게로 왔다. 그 완전함 때문에 그녀는 죽을 수밖에 없었다. 나의 제국에서 완전이란 타락으로 가는 극점이고, 신이 허용치 않는 경계이기 때문이다.

기하학자와의 대화

 어느 날 제국의 기하학자들이 나를 찾아왔다. 그들은 감연한 표정으로 내게 어떤 권고를 하려고 했다. 하지만 그들은 참된 기하학자들이 아니었다. 제국의 참된 기하학자들은 이미 오래 전에 사라져버렸다. 이들은 그 중에 마지막 한 사람, 나의 친구였던, 그러나 이제는 세상을 떠나버린 한 기하학자의 허황된 후계자들일 뿐이었다.
 참된 기하학자였던 내 친구는 한 척의 배를 만들기 위해 연장이나 재료 따위를 걱정하지 않았다. 배 만드는 곳에다 1만 명의 노예와 몇 명의 헌병을 집어넣으면 그뿐이었다. 그러면 배는 금세 만들어져 바다의 물결 위로 미끄러져 가곤 했다. 그는 자신의 기하학을 실천하면서 연역演繹적인 데는 극히 무관심했다. 다만 정리하고 탐색해 자기가 선택한 '기하幾何'라는 나무의 열매를 거둬들일 1만 명의 무리, 즉 자신의 후계자들을 일사불란하게 움직이는 존재였다. 그러므로 그의 후계자들은 스승인 기하학자를 이해하고 자신들의 작품을 풍부하게 하는 도구에 불과했다.
 나는 기하학자들이 얼마나 유능하고 소중한 존재인가를 잘 알고 있다. 그들은 제국에서 키워낸 정신의 곡식을 거둬들인다. 그것은 백성들의 부족한 지식을 보충해준다. 그리하여 제국이 보다 굳건하게 자리잡을 수 있도록 해준다. 하지만 그들이 맺어놓은 결실들이 창조적이라고 보기엔 뭔가 미심쩍은 점이 있었다. 내가 아는 창조란 무상의 자유이며 예측불가능한 인간의 행동이다. 그들에게는 앞장선 자들의 오만함이 풍기고 있었다.

이런 까닭에 그들 자신이 왕과 동격으로 착각할까봐 나는 그들의 위치를 접견석 아래쪽으로 배치하게 했다. 나의 내심을 알아챈 기하학자들은 자기들끼리 웅성거렸다. 그러다 대표격인 한 사람이 앞으로 나와 말했다.

"왕이시여, 이성理性의 이름으로 우리는 당신께 항의합니다. 우리는 진실의 사도입니다. 당신의 법칙은 우리가 추구하는 진실보다 덜 확실한 것입니다. 당신은 군대의 힘으로 우리의 육신을 가둘 수는 있습니다. 하지만 우리의 정신을 제압할 수는 없습니다. 만일 그런 일이 벌어진다면 우리는 캄캄한 감옥에서라도 당신께 저항할 것입니다."

그러고는 자신의 용기에 만족한 듯 어깨를 으쓱거렸다.

그때 나는 친구였던 진정한 기하학자를 떠올렸다. 잠 못 이루는 밤이면 나는 그의 거처를 찾아가 함께 차를 마시면서 깊은 예지의 꿀을 맛보았다.

"기하학자여! 내게 진리를 가르쳐주시오."

내가 이렇게 청하면 그는 미소지으며 대답했다.

"왕이시여, 저는 처음부터 기하학자가 아니었습니다. 남들과 똑같은 인간일 뿐이랍니다. 저는 이따금 잠이 오지 않거나 배고프지 않을 때, 또 사랑의 열정이 더 이상 내 마음을 뒤흔들지 못할 때 공부를 조금 더 했던 인간입니다. 그런데 이젠 몸이 다 늙어빠진, 지금에 와서는 확실히 당신의 표현대로 저는 어쩔 수 없는 기하학자입니다."

"그댄 진리의 스승입니다."

내가 이렇게 강조하면 그는 고개를 저으며 말했다.

"왕이시여. 그렇지 않습니다. 저는 단지 어린아이처럼 애써 상황에 알맞은 말을 찾아낼 뿐입니다. 진리는 좀처럼 눈에 띄지 않습니다. 그러나 사람들은 저의 가벼운 말 한마디에도 바위처럼 단단한 진리가 배어 있다고 그냥 믿어버리곤 합니다. 진리란 결국 그들 스스로 찾아내야 하는데도 말입니다."

"그댄 스스로를 비하하고 있습니다."

"그렇지 않습니다. 왕이시여. 한때 저는 드넓은 우주에서 신의 흔적들을 찾아 헤맨 적이 있습니다. 그러나 매번 그 결과는 나 자신 외에 아무것도 남아 있는 것이 없다는 것뿐이었습니다. 그러나 사람들은 내게 우상의 번갯불을 뿌려댔습니다."

격정에 불타며 그가 소리쳤다. 그래서 나는 그의 귀에 대고 속삭였다.

"조금만 작은 소리로 말씀해주시겠소? 나는 이해는 느리나 귀는 밝답니다."

그러자 그는 나지막한 목소리로 내게 진리를 속삭여주었다.

헛된 자만심으로 나를 향해 고개를 쳐들었던 기하학자의 후계자가 다시 입을 열었다. 조금 전의 허세에 대해 적잖은 불안과 후회가 엄습해온 모양이었다. 분명 나는 생사 여탈권을 가진 제국의 왕이었으므로……

"왕이시여. 어떻게 당신께서는 임의의 창조와, 당신에게 증정되는 기념물 속에 조각가의 고매한 사상과 시인의 정신이 스며 있음을 아십니까? 우리의 명제는 엄밀히 따진다면 하나가 다른 하나에서 연이어 나오는 것입니다. 인간의 본성이란 그 무엇도 자의로 지휘하거나 규제하는 게 아니잖습니까?"

이렇게 그는 절대적인 진리를 규정짓고자 했다. 마치 미개인들이 어떤 우상에 대해 벼락을 내리는 능력이 있다고 맹목적으로 믿는 것처럼……. 그리하여 그들은 내 친구였던 진정한 기하학자와 동등한 반열에 서기를 원하는 것이었다. 그는 계속 말을 이어갔다.

"우리는 여기에서 한 도형의 선들 사이의 관계를 증명하고 확립하고자 합니다. 그렇게 된다면 우리가 설령 당신의 법칙을 위반하더라도 당신은 우리의 법칙을 용인하고 지켜줘야 합니다. 지금 우리는 제국의 왕인 당신에게 기하학자에 걸맞은 합당한 처우를 요구하는 것입니다."

드디어 나는 오랜 침묵 끝에 입을 열었다.

"그대들은 창조가 무엇인지 모르므로 행복한 사람들이다. 만일 그대들이 어떤 왕국을 건설한다면 그 결과는 자명하다. 갇혀버린 역사, 죽어버린 조직을 유지하기 위해, 또 쓸데없는 논리에 대한 존경심을 강요하기 위해 야만적으로 칼을 휘둘러댈 것이기 때문이다.

언젠가 벼랑에서 떨어져 죽은 사람이 있었다. 이 사건에 대해 논리학자들은 그가 죽은 원인을 면밀히 추적했다. 결국 그 사자死者를 끌고 언덕과 사막과 벼랑을 오르내리며 어떤 결론에 도달할 수는 있었지만, 죽은 사람은 몇 번이나 참혹한 죽음을 다시 맛봐야 했다. 그대들은 이런 이야기에 담긴 진리를 알고 있는가?"

"물론입니다."

기하학자의 후계자들은 이구동성으로 고개를 끄덕이며 대답했다. 나는 그런 반응에 아랑곳하지 않고 또 다른 이야기를 들려주었다.

"옛날에 한 연금술사가 있었다. 그는 증류기와 약품 등을 이용해 작은 금속 조각을 추출해내곤 했다. 이러한 기이한 결과를 분석하기 위해 논리학자가 달려오자 그는 물을 뿌려 증류기 밑에서 타오르던 불을 꺼버린 다음, 생명의 신비는 어디에도 존재하지 않는다고 선언하면서 사라져버렸다. 보라. 그대들은 그 연금술사와 대체 무엇이 다른가?"

이렇게 호통친 나는 그들을 밖으로 쫓아버렸다.

창조는 창조가 지배하는 사물과 본질이 완전히 다르다. 그 자취는 드러나지 않는다. 그러므로 창조자는 초월자다. 그는 순수한 논리 그 자체다. 언젠가 나의 친구였던 기하학자가 이렇게 되물은 적이 있었다.

"생명이 또 다른 생명을 싹트게 합니다. 왕이시여, 이외에 어떤 진리가 또 있겠습니까?"

신은 존재한다

만약 그대가 자발적인 마음이 아니라 어떤 동기에 의해 사물의 개념을 규정한다면 나는 결코 그대를 믿지 않으리라. 그대는 아내의 이름과 아내의 본질이 어떤 관련이 있다고 보느냐? 예컨대 이러한 말이 성립된다고 보는가?

'그녀의 이름은 그녀의 미모를 증명한다.'

나는 들려오는 그대의 언어가 어떤 진리를 표현하는 것이 아니라 단지 모호하게 책임을 회피하는 것이라면, 분명히 그대를 거부하리라. 또 그대의 무모한 행동에 대해 메마르고 형편없는 논리를 내세운다면 결국 나에게서 추방당할 수밖에 없다.

우리는 어떤 진리를 증명하기 위해 죽음도 불사하는 사람들을 익히 보아왔다. 그들의 정신적 깊이를 무엇으로 표현할 수 있으랴. 지상의 모든 책들을 읽어보라. 그 안에 쓰여진 언어로 가당키나 하겠는가.

나는 전쟁터에서 적을 생포할 때의 기묘한 심리 상태조차 그대에게 제대로 설명할 수 없다. 한 번도 바닷가에서 벗어난 적이 없는 그대의 가슴 안에 산을 심어주고 싶을 경우, 내가 얼마나 많은 말을 해야 그것을 그대 마음속에 뿌리내리게 할 수 있겠는가. 거친 땀방울을 흘리며 갈증에 시달리고 있는 그대에게 어찌 맑은 샘물의 시원함을 말로 전해줄 수 있겠는가. 그러나 신은 다르다. 내 말이 진실로 그대에게 파고들려면 신의 침묵이 함께 하지 않으면 안 된다.

내가 그대에게 할 수 있는 것이라곤 은하수가 영롱한 빛을 발하는 산 등성이로 그대를 올려보내는 일, 샘물에 매혹되게끔 그대를 사막으로 보내 그 열풍 속에서 여행하게 하는 일, 그 다음 정오의 태양이 바윗돌을 달구는 채석장에 6개월쯤 가둬 그대를 기진맥진하도록 만들어놓은 다음 그대에게 이렇게 말할 수 있을 뿐이다.

"힘없는 인간이여, 별빛이 반짝이는 산꼭대기에 올라 성스러운 신의 침묵 속에 샘물을 움켜 마시라. 이것은 제국의 어둠 속에 감추어진 비밀이다."

그렇다. 내가 우수憂愁를 조각하면 그대의 얼굴에 우수가 깃들듯이, 신은 그저 존재하기 때문에 아무도 신을 부인할 수 없다.

영원으로 가는 길

 문득 영원이라는 위대한 진실이 떠올랐다. 만약 무엇인가 그대보다 더 오래 지속되지 않는다면 그대는 아무것도 바랄 것이 없지 않겠는가.
 어느 날 나는 죽은 사람을 추앙하는 토착민들을 찾아갔다. 그들은 집 가까이에 묘지를 두고 떠나간 영혼들과 함께 생활하는 사람들이었다. 나는 그들에게 물었다.
 "그대들은 행복한가?"
 그러자 사람들은 편안한 표정으로 대답했다.
 "왕이시여, 우리가 갈 곳을 알고 있는데, 어떻게 행복하지 않을 수 있겠습니까?"

지친 영혼에게 바침

나는 피곤했다. 그것은 신이 나를 저버렸을까 하는 두려움 때문이었다. 나는 지금 신을 느끼지 못하며, 평소처럼 마음의 반향도 일어나지 않는다. 침묵의 소리가 들려오지 않는다. 상심에 빠진 나는 높은 탑 꼭대기에 올라 명상했다.

'저 별들은 왜 존재할까?'

'저 영지들은 왜 내게 주어졌을까?'

'잠든 도시의 신음소리는 왜 날까?'

문득 나는 이방인의 도시에 홀로 있는 듯한 고독감을 느꼈다. 벗어던진 옷과 같이, 텅 빈 집과 같이 나는 혼자였다. 나는 아직도 변함없는 나였다. 예전부터 알고 있던 사물과 추억과 시선에 잡히는 모든 것들은 죄다 그대로다. 그런데 나는 그 잡다한 것에 허탈해하고 있을 뿐이었다. 나는 권태로웠다.

어느덧 신에게 올리는 기도조차 형식적이 되어가고 있었다. 형체는 있되 열기가 없는 촛불처럼 그 안에서 나는 쉽게 잔인해질 수도 있으리라. 나는 이렇게 중얼거렸다.

"아아, 열정이여. 어디로 갔는가?"

나는 열정이 돌아오기를 기다렸다. 그것은 사물이 맺어주는 성스런 매듭이다. 파도를 가르는 배다. 눈에 보이는 성당이다. 그것이 없다면 나는 아무렇게나 쌓인 돌더미와 다를 바 없는 인간이었다.

그때 문득 나는 동상의 미소나 풍경의 아름다움, 신전의 침묵을 아는 사람만이 신을 목도할 수 있다는 진리를 깨달았다. 대상을 초월함으로써 핵심에 다다르고, 말을 넘어서야 송가를 듣게 되고, 어둠과 별들을 넘어야 영원을 실감할 수 있음이리라.

신은 언어에 다름 아니다. 우리의 언어가 의미를 갖게 되면 언어는 우리에게 신을 보여준다. 만일 어린아이의 눈물이 하나의 감동을 준다면, 그 눈물은 넓은 바다를 향해 열린 창이 된다. 그것은 어린아이의 눈물이 아니라 모든 사람의 눈물이 되기 때문이다. 어린아이는 단지 우리의 손을 잡고 그곳을 가르쳐줄 뿐이다. 하지만 나는 신을 향해 이렇게 하소연했다.

"신이여, 왜 당신은 저로 하여금 사막을 횡단하게 하셨습니까? 저는 가시덤불에 갇혀 고통받고 있습니다. 당신의 손짓 한 번이면 사막을 푸르게 할 수 있으며 금빛 모래와 지평선, 태풍으로 인한 권태가 아니라 그것으로써 열광하고 당신을 경배할 수 있는 위대한 제국이 되지 않겠습니까?"

우리는 신의 부재를 보고서야 그의 존재를 명확하게 인식할 수 있었다. 선원에게 신은 바다이며, 남편에게는 사랑이기 때문이다. 하지만 그들은 가끔 이렇게 의심을 토해내곤 한다.

"바다는 왜 있는 것일까?"

"사랑이란 왜 존재하는 것일까?"

그리하여 그것 외에는 부족할 것 없는 사람들이 권태 속에 젖어든다. 곧 그들은 모든 것이 부족해진다. 그들에게는 열정을 쏟아넣을 무엇이 사라졌기 때문이다. 그렇다. 이런 경우, 지성은 아무런 도움이 되지 않는다. 신전에 돌이 어떻게 배치되었는가보다는 돌을 초월하는 본질을 바라볼 수 없는 까닭이다. 흙에서 빠져나온 본질, 그것은 바로 신을 부여잡는 일이다. 신이 없다면 그대는 곧 외피의 함정에 빠져든다.

그대를 부르는 소리

내가 조각가로 하나의 형상을 만들었을 때 나는 하나의 구속을 만든 것이다. 또 어떤 사물을 손에 쥐었을 때 나는 그것을 잡기 위해 주먹을 오므린다. 그것은 바로 구속의 몸짓이 아니겠는가.

한 편의 시에 담긴 언어의 자유를 들먹이지 말라. 그것은 모두가 나의 질서에 따라 배열된 것이다. 사람들은 신전을 짓기 위해 나의 신전을 파괴할 수도 있다. 그럼으로써 죽음이 있고 탄생이 있다. 하지만 돌의 자유를 들먹이진 말라. 이미 돌은 신전이 아니다.

나는 자유와 구속을 구별하지 않는다. 내가 하나의 길을 원하면 원할 수록 선택은 자유롭다. 하지만 그 각각의 글 자체는 구속이다. 그대가 선택할 수 있는 방향에 길이 없다면 대체 무엇을 자유라고 부르겠는가. 공허 속에서 방황하는 권리인가. 길로서 구속되는 그대 자체가 자유임을 어찌 깨닫지 못하는가.

그대는 악기 없이 선율을 마음대로 흘리지 못한다. 코와 귀가 없는 동상으로는 미소를 지어낼 수 없다. 그렇다. 세련된 문명의 정교한 소산인 그는 그들 문명의 제한과 한계, 규칙들에 의해 풍요를 느낀다.

어쩌면 사람들은 도둑떼의 소굴 같은 곳에서 풍부한 내면의 움직임을 가질 수도 있다. 하지만 그들 사이의 중요한 차이는 우선 왕을 보면 경배하듯 하나의 의무에 있다.

승진을 원하고, 숱한 경험을 통해 마음이 풍요롭기를 원하는 사람은 무엇보다도 조직의 구속을 원한다. 그러한 강제에 의해 부여된 종교의식은 자신을 성장시킨다.

한 아이가 다른 아이들과 놀고 싶은 경우, 맨 먼저 요구하는 것이 무엇인가. 그들이 정해놓은 규칙 안에 들여보내달라는 것이다.

먼 데서 들려오는 종소리가 그대에게 아무런 의미가 없다면 슬픈 일이다. 하지만 누군가 그 소리를 듣고 벌떡 일어서서 이렇게 외칠 것이다.

"아아, 저것은 나를 부르는 소리다."

그대와 같은 사람들은 종소리에 담긴 진정한 소리를 듣지 못하고 있다. 그대는 구속되지 않은 사람이다. 자유가 없는 사람이다.

🌿 우상을 부수리라

영혼을 일깨우고자 하는 강렬한 욕망이 내 가슴에 꿈틀대고 있다. 평범에 안주하고 있는 자들에겐 일용할 양식 외에 아무것도 주어지지 않기 때문이다.

그대는 한 세계의 주인이다. 그런데 그것은 모두가 나로 인해 주어진 것이다. 그대는 제국의 명암에 따라 좌우되는 운명이다. 그런데 그대 안의 허영은 대체 무엇 때문인가? 그것은 잠깐의 어리석은 빛깔이 아니었던가.

그 여자는 15년여를 향기로운 눈화장 속에 잠겨 있었다. 그녀는 시와 미혹과 어둠을 배웠다. 그러나 그 가운데 그녀의 침묵만이 가장 소중한 샘물을 품고 있으리라.

어떤 육체가 다른 육체와 닮았다고, 또 일시적인 쾌락을 위한 창녀와 같은 음료를 만들어준다고, 그 여자를 일러 청정한 샘물의 원천이라고 이름하겠느냐. 그대는 정복과 풍요를 위해 그 여자들을 제자리에 놓아둘 것이다. 공주를 봉양하는 것보다 곁에 창녀를 두는 편이 훨씬 낫다. 그 편이 돈도 훨씬 덜 들 테니까. 공주가 곁에 있다면 그대는 참담해지리라. 그대는 그녀의 기품과 우아함을 절대로 이해할 수 없을 테니까…….
 나는 인간들의 논쟁 속에 칼날이 번득이는 꼴을 많이 보았다. 얼마나 더럽고 불결한 현실인가. 마찬가지로 그대는 그 여자를 위해서라면 살인이라도 저지를 것이다. 그대에게 그녀의 육체는 단순한 의미가 아니다. 그녀의 육체를 소유하지 못하면 그대는 국외자로서의 노여움을 품게 되어 있다. 그렇다. 차를 끓이는 주전자가 없어지면 차에 담긴 작은 의미조차 잃어버리게 된다. 그런데 그 의미에 매달려 주전자를 극진하게 모시고 자랑하고 경배해야 한단 말인가? 그렇게 된다면 애당초 여자에 대한 그대의 사랑이나 집착은 간 데 없이 사라지고, 모두가 파멸의 구렁텅이로 빠져버린다.
 인간의 영혼을 일깨우는 안온한 정원을 꾸미리라. 그 안에서 어린아이들을 돌보면서 그 아이들이 어떤 의미를 마음에 담을 수 있게 하리라.
 나는 논리를 믿지 않는다. 다만 사랑으로 살아가고자 하는 사람을 믿을 뿐이다. 만약 그대가 나무 한 그루를 키우고 있고, 나 또한 나무 한 그루를 가꾸고 있다면 우리의 공통된 이야깃거리는 나무를 배태한 씨앗이 되지 않겠느냐. 그러나 그대여, 깨달아라. 이처럼 제국이 추구하고 발전시키려 하는 모든 것은 왕인 나의 의도에 의해 이루어진다는 것을…….
 나는 무엇에 몰두하지 않는 사람이다.
 나는 존재를 넘어서 존재한다.

신성

그대는 어떠한 것도 신의 계시로 받아들이지 말라. 신성의 표적은 침묵뿐이다. 돌멩이는 성전에 대해, 나뭇잎은 나무에 대해 아무것도 알지 못한다. 전혀 알 수가 없다. 나무나 성전도 다른 사물들로 어우러진 나의 제국에 대해 전혀 알지 못한다.

이와 같은 원리로 그대는 신에 대해 알지 못한다. 만일 그게 진실이 아니라면 성전은 돌멩이에게 자신을 보여줘야 하고, 나무는 나뭇잎에게 무엇인가를 드러내야 한다. 그것이 대체 무슨 의미가 있는가? 돌멩이와 나무 사이에는 각기 교감하는 언어가 없다. 이는 나의 새로운 깨달음이다.

나는 밀폐된 방에 갇혀 있다. 나의 고독은 희망조차 거부하고 있다. 돌멩이로서 돌멩이 외의 다른 것이 되는 게 아니다. 그러나 돌멩이는 서로 모여 협력함으로써 성전으로 탈바꿈할 수 있다.

나는 백성들과 하나가 됨으로써 변화하고자 하는 열정에 불꽃을 피우기 시작했다. 이것이 바로 신의 표적이다. 그렇다. 공동체에서 벗어난 개인은 실로 하찮은 존재이다. 스스로에 만족하지 못하는 바람 같은 존재……. 그러므로 자신을 있는 그대로 있게 하라. 곳간에서 겨울을 보내는 씨앗같이, 봄이 오면 그는 초록의 새싹으로 돋아날 것이다.

초월에 대한 거부, 사람들은 그게 '나'라고 한다. 그리고 그들은 자신들의 배를 두드린다. 마치 그 속에 어떤 존재가 있는 듯이. 만일 그게 옳다면 저 성전에 속한 돌멩이들도 죄다 일어서서 소리칠 것이다. '나, 나, 나'라고…….

내가 다이아몬드 광산에서 일하라고 엄명한 죄수들도 마찬가지다. 그들의 땀과 노동, 강건한 근육과 열망이 어우러져 다이아몬드가 된다. 그 신비한 빛이 된다. 그러나 그들도 이렇게 부르짖는 날이 올 것이다. '나, 나, 나'라고……. 그렇게 되면 그들은 더 이상 다이아몬드에 매혹되지 않을 것이다. 그들은 자신들을 다이아몬드처럼 우러러보게 하고 싶어한다. 그들은 심각한 착각 속에 빠져들고 있는 것이다. 그들의 화려함은 순전히 그들이 완성하고 경배했던 다이아몬드의 광채 때문이었다. 그들이 광산에서 뛰쳐나와 반기를 드는 순간, 그들은 본래의 흉악한 죄수의 모습으로 되돌아가게 된다.

성전을 구성하는 돌멩이들이 제 위치를 찾고, 나무는 대지의 물과 양분을 흡수하면서 푸른 바람을 일으킨다. 제국의 찬연한 영토가 있기에 강물은 유연한 몸매로 흐르게 마련이다. 그런데 그들은 이런 법칙을 몰랐다. 그들은 스스로를 목적이고자 했고 결과이고자 했다. 이 때문에 왕자들은 학살되었고, 반짝이는 다이아몬드는 산산이 부서져 사라졌다. 지도자의 반열에 서 있어야 할 현자들은 차가운 지하감옥에 갇힌 신세가 되었다.

그리하여 이젠 성전이 돌멩이에게 경배하는 시대가 되고 말았다. 반역자들은 성전에서 뜯어낸 돌멩이의 부스러기들 때문에 모두 부자가 될 것이라 믿고 있을 것이다. 그러나 결과는 어찌되었는가. 반역자들은 결국 신의 선물을 파괴해 냄새나는 쓰레기만 움켜쥔 꼴이 되고 말았다.

누군가 내게 이렇게 물으리라.

"그러한 변혁이 없다면 노예들은 언제 해방될 수 있으며, 죄수들은 언제 감옥에서 밝은 빛을 볼 수 있단 말입니까? 대체 사람의 권리는 어떻게 찾을 수 있나요? 물론 신들의 권리는 있다고 할지라도 성전에 맞서 일어난 돌멩이와, 시에 맞서 일어난 단어와, 제국에 맞서 일어난 인간의 권리에 대해서 말입니다."

그 질문에 나는 이렇게 대답하리라.

"너희는 단지 그러한 이기주의를 위해 파멸을 선택하려는가? 단지 '나, 나, 나'라고 외치면서 죽어가는 사람에게 자신의 왕국이란 존재하지 않는다. 성전에서 벗어난 돌멩이며 시에서 어긋난 단어, 그리고 육체에 반기를 드는 살 조각을 직시하라. 결국 이들은 빗자루에 쓸려 쓰레기장에 묻히고 말 것이다."

계층이란 본래 없다. 처음에 나는 몇 가지의 이름을 지어냈다. 그 길을 따라 다른 이름을 가진, 소위 계층이란 것이 생겨났다. 그대는 본질이 없는 것을 본질로 돌리려느냐.

법

 법이란 사물에 대한 무용한 의식이 아니라, 곧 사물의 의미 그 자체다. 만약 그대가 사랑에 관한 법률을 제정한다면 나는 그에 알맞은 사랑을 할 수 있다.
 나의 사랑은 내가 원하는 범위의 구속에 의해 이루어졌다. 그러므로 법은 헌병도 될 수 있고, 좋은 관습도 될 수 있다.

제국의 의미

밤이다.

나는 높은 성벽 위에 서 있다. 제국의 병사들은 이 산에서 저 산으로 봉화를 올리면서 서로 연락을 취하고 있다. 성벽을 순찰하는 파수병들은 각기 긴밀하게 신호를 보내면서 어떤 위험에 대비하고 있다. 그런데 이 밤, 제국에는 균열이 생기고 있다. 몇몇 봉화대에서 불이 꺼져가고 있다. 병사들이 권태로운가. 저 어둠은 제국을 일순간에 붕괴시킬 수도 있다. 그 붕괴는 단란한 가족을 무너뜨리고, 저녁 만찬과 자녀들과의 다정한 입맞춤을 무너뜨리는 위험이다. 제국이 무너지면 모든 삶도 함께 무너진다. 사람들은 더 이상 어린아이들의 맑은 눈을 통해 신을 바라보지 못할 것이다.

사라져가는 세대여, 내가 그대를 화형대 위에 올려놓았다 한들 그것이 무에 그리 중요하냐. 나는 사물의 의미로부터 성전을 구출해야 한다. 생명은 내게 가르쳐주었다. 팔다리가 잘린 육체에는 진정한 고통이 없다고. 죽음도 마찬가지다. 그러나 그 반향은 인간의 행동에 의미를 부여하는 성전의 규모에 비례해 확대된다.

만약 제국에 충성하도록 교육받은 사람을 제국에서 몰아내 유형지의 감옥에 가둬둔다면 그는 창살에 자해를 하면서 식음을 전폐할 것이다. 그의 언어가 더 이상 쓸모없이 되어버렸기 때문이다.

급류에 빠진 아들을 구출하려고 강을 향해 달려가는 아버지를 보라. 그대가 그 아버지를 염려해 팔을 끌어당긴다면, 그 아버지는 그대의 손을 강하게 뿌리친 다음 큰 소리를 지르며 강물로 몸을 던질 것이다. 그렇게 하지 않으면 그의 언어는 더 이상의 의미를 상실하기 때문이다.

그대에게 내가 부여한 가장 뜨거운 고통은 인연이라는 것이다. 때문에 나는 사람들을 구출해 억지로라도 그들을 살아 있게끔 하고 싶다. 감옥에 보낸다거나 먼 곳으로 유배를 보내서라도 말이다. 이러한 결과로 그대가 가족이나 제국을 못 잊어하며, 참을 수 없는 괴로움 때문에 나를 비난한다면 나는 그릇된 그대의 행동방식을 바로잡아 어떤 존재의 의미를 부여케 하려는 것이라고 감히 대답하리라.

지나가버리는 세대여, 그대들은 객관성의 결여로 인해 내가 성전의 위탁자라는 사실을 알지 못하고 있다. 보라, 성전은 그대의 마음을 키우고 그대의 언어를 살리며 그대의 기쁨을 내부로부터 활활 타오르게 한다. 이러한 믿음이 없을 때, 군인들로 이루어진 강력한 포진이 무슨 소용이 있겠는가.

나는 개인의 영광을 위해 백성들을 이용하지 않았다. 나는 신 앞에 있기 때문이다. 마찬가지로 나의 영광만을 받는 신은 나와 더불어 모두를 포용한다.

나는 제국을 섬기기 위해 백성들을 이용하지 않았다. 오히려 인간들의 존재 의의를 부여하는 데 제국을 이용했다. 이것이 내가 한 일이다. 그러므로 백성들의 노동의 결실을 내가 먼저 취했다면 이는 무엇보다도 신에게 먼저 바치기 위해서다.

   은혜에 대한 보답으로써, 신이 다시 그 결실을 백성들에게 뿌려줄 수 있도록 하는 것이다. 나의 창고에서 흘러나오는 곡식이 바로 그것이다. 양식은 빛이 되고, 찬송이 되며, 마음의 평화가 된다. 인간과 관계되는 모든 것이 이와 같다. 반짝이는 다이아몬드는 그대에게 영원한 결혼의 의미를, 이 야영지는 우리 종족의 생존 의미를, 이 성전은 신의 은총을, 저 강물은 제국의 영원을 의미하고 있다.

진정한 해방

 돌아가신 나의 아버지가 허물어뜨릴 수 없는 큰 산이 되어 인간의 지평선을 가로막았을 때 논리학자와 역사가와 비평가들이 분노하며 들고 일어났다. 그들은 이렇게 부르짖었다.

 "인간이란 아름다운 존재다. 그러므로 인간을 해방시켜야 한다. 그들은 마음껏 자유를 누리면서 활짝 웃을 것이다. 저항이란 왕의 광채를 흐리게 하고, 인간을 보다 밝게 비출 수 있다."

 그 저녁 나절 사람들이 나무 줄기를 바로 세우고 가지를 쳐준 오렌지 나무 숲으로 가서, 모여 있는 그들에게 나는 이렇게 말했다.

 "오렌지 나무는 아름답다. 맛있는 오렌지가 주렁주렁 달려 있는 게 보이지 않는가? 그런데 열매를 열게 하는 나뭇가지를 왜 자르는가? 나무를 그냥 내버려둬라. 그리하면 나무는 자유로이 꽃을 피울 수 있다."

 하지만 그들의 뜻대로 인간이 해방되자 사람들은 신에게서 재단받은 대로 획일적인 생활을 하게 되었다. 그리하여 대치될 수 없는 모태母胎에 대한 존경심은 간 데 없고, 오로지 남을 지배하고자 하는 천박한 욕망만 거리를 쏘다녔다. 그러다가 그들을 구속하고자 하는 헌병들이 나타나자 모임은 폭동으로 비화되었다. 자유의 욕구는 거리에서 거리로 들불처럼 번졌고, 자유를 위해 죽어가는 사람들은 아름다웠다. 그 거칠 것 없는 자유의 종소리들!

그러자 아버지는 이렇게 말씀하셨다.

"그들의 자유란 존재하고 싶지 않은 자유다."

과연 사람들은 점점 광장의 잡상인처럼 변해갔다. 그러다 여러 부류가 제멋대로 행동하기 시작하더니 끝내 전체의 행동양식이 파괴되어버렸다. 자신의 취향에 따라 어떤 물건을 붉은색으로 칠하는 사람도 있을 수 있고, 파란색으로 칠하는 사람도 있을 수 있다. 또 다른 사람은 노란색으로 칠한다. 이렇게 뒤죽박죽이 되면 그 물건에는 고유한 색깔이 아예 존재하지 않게 된다.

군대가 행군할 때, 각자 자기 방향만 고집해 걷는다면 어떻게 되겠는가. 그대가 권력을 갖고 있다면 그대가 가진 권력을 주위에 공평하게 분배해봐라. 그러면 그 권력은 강인해지지 못하고, 산산이 쪼개져 결국 분열만 조장한 꼴이 될 것이다.

창조란 단 하나다. 그대의 나무는 단 한 그루의 나무에서만 싹트기 때문이다. 물론 이 나무는 죄악을 갖고 있다. 다른 씨앗으로 싹튼 것이 아니기 때문이다.

권력이 지배욕이라면, 나는 그것을 버릴 수밖에 없다. 그러나 그것은 창조자의 행위와 창조의 수련으로 만들어졌고, 그로 인한 자연스러운 결과물이 바로 권력이다. 자연스럽다는 것은 여러 가지 재료들이 섞이고, 늪에서 얼음이 녹고, 시간이 지남에 따라 풍화되는 성전과 같은 것이 아니었던가.

태양의 열기가 미적지근하게 분산되고, 책을 오래 만지다보면 책장이

닳아 없어지는 것, 언어가 분열되고 퇴화되며, 힘의 관계가 동등해지고, 모든 노력이 평준화되어 사물을 맺어주는 신의 매듭에서 생긴 모든 인류의 구성이 부조리하게 부서지는 것, 이 모두가 바로 자연스러움이다. 결국 자연스러움의 본체는 생명이라는 구조이고 힘의 연결선이며, 불공평한 것이다. 만약 그것에 권태를 느끼는 아이들이 있다면, 그대는 어찌할 것인가.

구속이란 놀이의 규칙과 같다. 구속을 경험하고 나서야 우리는 그네들이 힘차게 달리는 것을 보게 된다.

가치 있는 속박

　인간을 해방시킬 무엇을 찾을 수 없으면 자유란 한갓 증오를 품은 평등 속에서 양식의 공평한 분배를 요구하는 이외의 아무것도 아닌 시기가 도래한다.
　자유로운 그대는 자유로운 이웃과 충돌하고, 이웃은 또 너와 충돌한다. 바로 구슬들이 섞이다가 멈춘 상태와 같다. 그리하여 자유는 평등에 이르고, 평등은 균형에 이르며, 그 균형은 곧 죽음에 이른다.
　너를 골탕먹이고 네가 증오해야 하는 유일한 구속은 네 이웃과의 마찰, 동료와의 질투, 금수禽獸와의 평등 속에 나타난다. 그것들은 너를 메마른 광산의 컴컴한 동굴 속으로 처넣을 것이다. 하지만 자유가 집단의 요구로 출현하게 되고, 인간들은 어쩔 수 없이 그 안에서 용해되는 시기가 도래했다. 사람들은 그 부패하는 냄새를 자유라 부르고 정의로 알고 있다.
　여전히 나팔소리를 흉내내고 있는 자유라는 단어, 감동적인 의미를 상실한, 하지만 사람들이 자신들을 깨워줄 수 있다고 믿는 막연한 나팔소리를 꿈꾸는 시대가 왔다.
　가치 있는 속박이란 존재의 의미에 따라 그대를 성전으로 안내한다.

참다운 구속이란 나팔수가 그대의 마음속에서 승화되어 뭔가를 불러일으키려 할 때, 그 나팔수를 받아들이는 데 있다.

자유가 그들보다 더 큰 자신들의 모습이고, 또 그들 자신의 아름다움을 위한 행동일 때 자유를 위해 죽어가는 사람들은 구속을 받아들이고 나팔수의 부름에 한밤중에도 일어난다. 그들은 마음대로 잠을 이루거나 자기 아내를 애무할 수도 없다. 그대가 복종해야 하는 이상 헌병이 안에 있건, 밖에 있건 별로 중요치 않다. 헌병이 안에 있을지라도 나는 처음부터 그가 밖에 있었다는 사실을 안다. 명예도 이와 마찬가지다.

속박이란 놀이의 규칙과도 같다. 아이들은 규칙에 어긋나게 행동하거나 속이는 것을 부끄럽게 여긴다. 그들의 열성과 문제의 해결에서 느끼는 행복, 대담성과 조화─신은 아마 놀이에서 탄생했으리라.

모든 놀이는 그대를 동일하게 형성해주지 않는다. 그래서 그대는 스스로를 변화시키기 위해 놀이를 바꾼다. 그러나 그대가 선택한 놀이에서 자신이 크고 고귀함을 느꼈다면 그대는 속임수를 쓴 것이다. 다시 말해 놀이의 목적을 파괴한 것이다. 이는 위대함과 고귀함을 파괴한 것이므로, 그대는 어떤 큰 사랑의 힘에 의해 구속받게 된다. 그러므로 이렇게 말할 수 있겠다.

'나의 구속은 곧 사랑이라고.'

✤ 존재하는 것은 모두 자유롭다

다이아몬드는 한 나라의 백성들이 흘린 땀의 결과다. 그러므로 다이아몬드는 결코 닳아 없어지지 않고, 쪼개지지도 않는다. 노동자들에게는 아무런 쓸모가 없는 것. 지상에서 깨어난 별, 다이아몬드. 우리는 이것을 포기해야 하는 것일까.

어느 날 내가 제국의 조각가에게 더 이상 금물병에 조각을 하지 못하게 한 다음 밀을 재배하라고 명한다면 어떻게 되겠는가. 다이아몬드를 포기하고, 금물병 조각을 금지하는 것이 인간의 고귀함에 어떤 가치를 부여할 수 있을까. 그럼으로써 사람들의 영혼이 보다 부유해질 수 있을까.

사실 다이아몬드의 수명이나 조각은 내게 아무 상관이 없다. 경우에 따라서는 다수의 질투심을 위해 그것들을 모조리 태워버릴 수도 있다. 반대로 그들의 눈을 즐겁게 하기 위해 여왕의 장신구로만 사용할 수도 있다. 그렇게 되면 나는 그들로부터 미美의 수호자로 무한한 찬송을 받게 될 것이다.

그런데 어찌하여 그대는 다이아몬드를 박물관 속에 집어넣고 열쇠로 잠근 자들만이 더 부자라고 믿고 있는가. 그렇게 되면 다이아몬드는 단지 몇몇의 어리석은 게으름뱅이들의 눈만 즐겁게 해줄 것이며, 금고를 지키는 문지기들의 월급을 보장해줄 것이다.

사람에게는 무엇인가 이뤄가는 과정만이 가치가 있다. 각자는 그 영광에서 자신의 몫을 배당받겠지만, 미의 가치는 보석으로 장식된 여왕에게서 발현됨을 알라.

나는 한 가지 자유밖에 알지 못한다. 그것은 영혼의 수련이다. 우리는 주어진 벽을 건너기 위해 문을 찾는 존재들이다.

나는 그대에게 젊어질 수는 있지만 태양을 사용할 수 없는 문을 가리킨다. 그대는 나의 횡포에 분개할지라도 선택은 단지 그것뿐일 수밖에 없다. 그대는 타인과 똑같은 구속을 받아야 한다. 만일 내가 그대에게 다른 여자들을 보지 못하게 하고, 어떤 미인과 강제로 결혼시킨다면 그대는 몹시 불평할 것이다. 네가 사는 마을의 여자들이 사실은 모두 사팔뜨기들인데도 말이다.

이처럼 내가 그대만을 위해 영혼을 만들었을 경우, 그대들만이 하나의 의미가 되고 정신 수련이라는 유일한 자유를 행사할 수 있으리라. 방종은 그대를 파멸시킨다. 그리하여 나의 아버지는 이렇게 말씀하셨다.

"존재하지 않는 것은 자유로운 것이 아니다."

🌿 사랑을 위하여

그대 마음속의 사랑이 상대에게 받아들여질 일말의 조짐도 보이지 않는다면 입을 다물고 있는 게 좋다. 그것이 세상을 살아가는 현명한 방법이다.

어떤 신도 그대를 위해 문제를 해결해줄 수는 없다. 그대가 사랑도, 침묵도 포기할 만한 정신력을 갖기 어렵다면 하루빨리 의사를 찾아가보는 게 좋겠다. 결코 사랑과 굴종을 혼동해서는 안 된다.

애원하는 사랑은 아름답다. 그러나 애원하는 사람은 노예다. 어떤 여자가 그대를 사랑한다면 그대는 신에게 감사하라. 그녀가 귀머거리요, 장님일지라도 그녀는 그대에게 꺼지지 않는 등불이 되었다. 그대가 그 빛을 향유할지 어떤지는 별로 중요하지 않다. 일단 그대는 부유해졌기 때문이다.

내가 위대한 정신들을 세상에 내보내고 그 중 가장 완전한 것을 선택해 침묵 안에 가둬둔다면, 누가 봐도 그 정신은 무용지물이 되고 만다. 그러나 그 정신은 제국을 고귀하게 한다. 멀리서 지나가는 사람조차 그 정신을 경배하며 무릎을 꿇는다. 그리하여 표적과 이적이 생긴다. 설사 그녀가 사랑에 관심이 없을지라도 그대가 그녀를 선택한다면 그대는 빛

속을 걸어가는 거나 마찬가지다. 그녀의 신에게 바치는 기도 또한 위대하기 때문이다.

만일 마음속의 사랑이 받아들여진다면 그 사랑이 부패하지 않도록 신께 경건히 기도하라. 행복에 겨운 사람은 종종 자신의 마음을 의심하기 때문이다.

의식의 힘

나는 자유를 사랑했고, 그것을 위해 피를 쏟았으며, 그것을 쟁취하기 위해 싸우는 사람들의 번쩍이는 시선을 바라보았다. 또한 나는 자유의 불꽃이 얼마나 사람들을 빛나게 하는지를 보았으며, 무지한 폭정이 그들을 얼마나 어리석게 만드는지를 보았다.

포기하지 않는 잡다한 사랑을 나는 경멸한다. 살아 넘치는 하나의 길을 가라. 생명을 설명할 수 없는 언어가 있다면 부숴버려라. 그대가 절망적인 모순에 빠져 오판하고 있다면 그것으로 말미암은 사상은 지워버려야 한다. 그리하여 여태껏 본 적이 없는 저 너머의 높은 산을 발견하라.

나는 구속과 의식, 예식에 의해 확립되고 구축된 영혼만이 위대하다고 믿는다. 여기에서 예식이란 곧 전통이며, 기도이며, 거론의 여지가 없는 의무다.

굴복하지 않으며, 고통 속에서 인간의 본질을 유지하며, 변치 않는 신앙과 신념이 있으므로 그대는 헛된 소문에 흔들리지 않고 제왕의 총애에 연연하지 않으며, 스스로 사랑하는 여인을 선택하고 결혼하는 자부심 넘치는 존재가 될 것이다.

'그렇다면 속박이나 자유가 무슨 의미가 있을까?' 하는 생각이 언뜻 나를 찾아왔다. 이렇듯 언어가 내 마음의 움직임에 대해 조롱의 혓바닥을 내밀지라도 나는 거부하지 않으리라.

삶의 표절

　문체란 글의 맛이다. 인간은 자기 내면의 율동을 글로 표현한다. 그런데 많은 사람들이 자신을 말하지 않고 남의 글에서 뭔가를 끄집어내 아름다운 결과를 찾아내려 한다. 그것은 당나귀가 지탱할 수 없는 짐을 짊어지게 해 당나귀를 죽이는 일과 같다. 또 그것은 무엇을 운반한다는 핑계로 남의 수레를 부수는 일이다. 그럴 때 그대가 짐의 크기를 잘 계산한다면 당나귀에게 일을 시킬 수 있다. 이미 짐을 지고 있다면 무게를 덜어줄 수도 있다. 그런데 왜 그 짐에 짐을 더해 당나귀의 네 다리를 비틀거리게 만드는가.

　나는 규칙을 위반하는 사람에 대해 매우 엄격하다. 왜 그들은 자신의 규칙을 똑바로 세우지 못하는가? 그들의 진정한 자유란 곧 수련修練의 아름다움이다. 그렇지 않으면 강도가 창고를 약탈하는 것과 마찬가지다. 아름다움이란 원형原形의 성질에서 나온다. 그대는 언제까지 남의 목소리로 자신을 표현하려 하는가.

　자신의 곳간을 짓는 것은 좋은 일이다. 그것은 겨울에 사람들과 나누기 위해 곳간에서 곡식을 퍼낼 경우에 의미를 갖는다. 그때 곳간의 의미는 처음 곡식을 넣을 때의 의미와 정반대다.

결국 서투른 언어 때문에 모순이 발생한다. '나가고 들어온다'는 말은 부정이 문제가 될 때 끄집어내는 말이다.

"이 곳간은 내가 들여놓는 장소다."

이 말에 논리학자는 당연히 이렇게 대답할 것이다.

"그곳은 내가 밖으로 꺼내는 장소다."

이러한 분란을 어떻게 해결하는가. 우선 그들의 입을 다물게 하라. 그리고 곳간은 씨앗의 정착지라고 말하면서 곳간의 의미를 확정하면 된다.

나의 자유는 나의 속박의 결과를 이용한 것이다. 속박만이 해방될 만한 가치가 있는 그 무엇을 해방시켜줄 권한이 있다. 그래서 마음속에 폭군이나 집행자의 명령에 거역하고 개종하길 거부한다면 그는 고통 속에서도 자신은 자유롭다고 말한다. 나는 저속한 사랑에 저항하는 사람도 역시 자유롭다고 말한다. 그렇다면 노예가 되는 자유 역시 자유라고 부를 수 있을까? 모든 요구에 순종하는 그를?

결코 그럴 수는 없다.

의사 소통의 경계

그대여, 하나의 관점으로만 사물을 판단하려는 사람을 멀리하라. 어떤 절대적인 진리를 전달하는 신의 대리인처럼 행동하면서 스스로를 눈 뜬 장님으로 만드는 그런 사람들 말이다.

나는 그에게 인간으로서의 본질을 끊임없이 깨우쳐주려고 시도하지만, 경계를 늦추진 않는다. 그는 나에게 온갖 감언이설을 늘어놓으며 나의 진리를 훔쳐 자신의 제국으로 끌어들여 쓰려 할 것이기 때문이다.

나의 언어를 이해하고 어디까지나 동등한 자격으로 맞서기 위해, 그는 나의 진리를 채 소화하지도 않고 이용하는 수완을 가졌다. 행동하지도, 싸우지도, 어떤 문제를 해결하지도 않으면서 자신의 사치를 위해 고군분투하는 그는 제국에서 가장 섬세한 순수를 잃어버린 가련한 꽃이다. 그에겐 오로지 현상만이 의사 소통의 수단이다.

제국은 나의 병사에게 의미, 바로 그 자체다. 나는 제국이라는 관념을 통해서만 병사들과 의사 소통을 시도한다. 사랑에 빠진 사람은 잠들어 있거나, 설령 집에 없을지라도 오직 한 여인하고만 의사 소통이 될 뿐이다. 만일 그가 일방적인 관점을 전하는 사람으로 인해 의사 소통에 변화를 갖게 된다면, 그것은 곧 그와 내가 고차원적인 게임을 하고 있다는 사실을 알라. 그와 나는 힘 겨루기를 하고 있는 것이다.

우리가 숱한 전쟁을 통해 상대편의 목을 위협한다 할지라도, 제국과 제국을 경영하는 가장 존경하고 사랑하는 적으로 그를 인식하고 있음을 부정하지는 않겠다. 나는 언제나 새로운 모습으로 그에게 접근하며, 그 시도는 우리 공동의 가치가 된다.

그도 나처럼 신의 존재를 믿는다면, 지금 사막의 천막 안에서 신에게 기도 드리고 있는 나의 병사들처럼 그의 군대도 어딘가에 무릎 꿇고 신에게 기도하고 있을 것이다. 그러나 그가 만일 나와 반대로 아직 절대자를 찾지 못했다면, 우리끼리는 의사 전달 통로가 전혀 없다는 점을 단언할 수 있다.

말로 표현할 수 있는 것은 중요하지 않다. 그 내면에 숨어 있는 믿음이나 책임감이 그 말을 보증하기 때문이다. 일상적인 영혼의 충동, 즉 '네 주전자를 빌려다오'란 말에 흥분한다면, 과거에 받은 상처에 기인한 것이다. 그 주전자는 단순히 물을 담은 도구일 수도 있고, 풍요와 영광을 나타내는 상징일 수도 있기 때문이다.

나는 우리 베르베르의 망명자들이 아무리 좋은 재료를 가지고도 신전을 짓지 못하는 이유를 이제야 깨달았다. 그들이 신전을 지었다면 모두가 신전의 돌과 같은 대접을 받았을 것이다.

간수들의 예지

간수들은 기하학자들보다 인간의 본성에 대해 더 잘 알고 있다. 나는 곧잘 장군과 간수의 입장에서 무엇을 취할 것인가 망설인 적이 있었다. 하지만 그들과 기하학자 사이에서 어느 편에 설 것인가에 대해서는 추호의 망설임도 없다.

어떤 입장과, 그 입장의 방법이나 예지를 혼동하는 것에 대해서는 그리 문제삼을 일이 아니다. 간수들은 자신들의 인식만을 예지로 말하기 위해서는 절대적으로 자신들만의 진리를 믿어야 한다. 물론 이와 같은 사고방식은 서투른 지배자의 칼로 사용될 수도 있다. 죄수들은 어린애들이기 때문이다. 인간의 경우도 마찬가지다.

기하학자의 진리

언젠가 죽은 기하학자의 추종자들이 아버지를 귀찮게 들볶은 적이 있었다.

"인간을 지배하는 것은 바로 우리와 같은 기하학자들이어야 합니다. 우리만이 인간 세계의 진리를 완벽하게 꿰뚫고 있단 말입니다."

그때 아버지의 대답은 단호했다.

"물러서라. 너희는 다만 죽은 진리만 되뇌고 있을 뿐이다."

그들은 아버지의 선언에 깜짝 놀라 되물었다.

"뭐라고요? 그럼 우리가 알고 행하는 모든 것들이 참진리가 아니란 말입니까?"

"물론."

그리하여 그들을 쫓아낸 아버지는 나를 돌아보며 이렇게 말씀하셨다.

"아들아, 저들은 쓸모없는 삼각함수만 알고 있을 뿐이다. 아들아, 내 말을 명심하거라. 빵 만드는 사람들은 빵 만드는 법을 잘 알고 있다. 밀가루를 잘못 반죽하거나 화덕이 너무 뜨거우면 결코 좋은 빵을 만들 수 없다. 그들의 숙련된 손을 거쳐야 우리는 맛있는 빵을 먹을 수 있다. 그러나 어디 그들이 제국을 통치하겠다고 내게 조르더냐. 진리가 자기들만의 것이라고 부르짖더냐. 어찌하여 저들은 자기들만이 모든 것을 할 수 있다고 고집하는지 모르겠다. 제국에는 그들말고도 진리를 알고 있는 사람들이 많다. 역사가와 비평가들은 다 무엇이더냐?"

아버지는 잠시 한숨을 내쉰 다음 말씀을 이으셨다.

"그런 자들에게 제국을 맡기느니 차라리 악마에게 던져버리겠다. 악마는 사람들의 난잡한 것을 아주 잘 찾아내는 능력이라도 있지. 저들의 진리라는 건 악마의 입장에선 도저히 불가능한 것이다. 그들이 내세우는 삼각함수는 인간의 삶을 이끄는 데 아무런 도움이 되지 않는다."

나는 어리둥절해 물었다.

"말씀이 어렵습니다. 정말로 아버지께서는 어떤 진리를 알고 계신가요?"

그러자 아버지는 고개를 가로저으셨다.

"아니다. 믿음이란 무엇이겠느냐. 여름을 보리가 익는 계절이라고 믿는다면, 거기에 풍요나 행복 같은 이름을 부여할 까닭이 있겠느냐. 그러나 보리가 귀리보다 먼저 익는다는 사실을 잘 알고 있듯, 우리는 성립된 어떤 관계를 믿어야 한다.

야만인들은 소리가 북 속에 있다고 믿는다. 그래서 그들은 북에 기대고 애정을 바친다. 누구나 그렇다. 막대기와 손바닥에 소리가 숨어 있다고 믿는 이들이 있다. 물론 너는 북이나 막대기나 손바닥을 진리라고 부르진 않을 거다. 다만 소리를 내게 하는 어떤 행위의 주체를 진리라고 알고 있는 것이다. 이런 까닭에 나는 기하학자의 추종자들을 경계하는 것이다. 그들은 성전의 재료와 기술 따위를 우상으로 섬기고, 성전의 돌멩이들을 경배한다. 그들은 오로지 자신들이 찾아낸 공식으로 사람들을 지배하려 들기 때문이다."

"그러니까 진리란 없다는 말씀이군요?"

내가 울적한 기분으로 되묻자 아버지는 웃으며 대답하셨다.

"아들아, 네가 만약 나에게 어떤 완벽한 정식定式을 세워 보인다면 나는 눈물이 날 정도로 감격해할 것이다. 그러나 너는 여태 아무것도 완성하지 않았다. 보아라. 연애편지를 받아본 사람은 그 편지만 보고도 가슴이 벅차 오른다. 그렇지만 그 종이나 먹물에서 사랑을 찾진 않는단다."

속박

나는 그대를 가르치면서도 속박한다. 그대는 보이지 않게 내게 속박되어 비난도, 한탄도 못하리라.

어린아이들이 하는 놀이를 보라. 그들의 규칙이란 본래 부자연스럽다. 그러나 아이들은 그런 문제에 전혀 개의치 않는다.

사람들은 가끔 책략으로써 자신들의 책임과 의무를 부여받고 싶어한다. 그것은 스스로의 속박에 대한 집착이다. 우리의 언어도 이와 같다.

어떤 돌멩이들의 배열을 내가 '집'이라 명명했을 때, 만일 그대가 내 말에 따르지 않는다면 그대는 제국의 외톨이가 되고 말 것이다. 내가 나의 양들과 염소들, 그리고 거처들을 배열해 '영지'라 이름하면 그대는 홀로 반대하며 일어설 것인가? 그렇다면 그대는 공동체의 틀에서 벗어나 홀몸으로 살아가야 할 뿐이다. 만일 이러한 속박의 자유를 용인하지 못하는 너와 같은 이들이 있다면, 그들은 결국 자신들만의 언어를 만들어 사용하는 수밖에 없다. 저마다 자신들의 축제일을 정해 춤을 추고 이야기를 나누면서, 마침내 제국과 절연되어 하늘의 고독한 별보다도 더 외로워질 것이다.

⚜ 잠든 보초를 바라보며

잠든 보초여, 그대에게는 사형만이 있을 뿐이다.

알려지지 않은 작은 만灣에서 푸른 바닷물이 헐떡이듯 생명의 달디단 호흡 속에서 편안하게 꿈꾸고 있는 너의 목숨은 이제 경각에 달려 있다.

이제 그대는 꿀처럼 모은 성직자들의 재산과 금박 입힌 의상들, 지혜의 창고에서 안식을 취하는 고서古書들, 그리고 그대 자신의 가족들에게 둘러싸여 평화로운 죽음을 맞이할 수 있게 되었다.

보초여. 한때 그대는 제국의 성곽이었다. 그것은 그대의 육신을 감싸고 있는 살결과 같아. 조그만 구멍이 뚫려도 온몸으로 피 흘리며 죽게 마련이다. 그런데 그대는 우리를 노리는 적들의 뜻대로 되었다. 이 성곽의 내부에서 깊이 잠들어버리도록, 바다가 배를 삼키기 위해 잔잔한 물결로 배를 맞이하듯 그대는 지금 도시를 완전히 발가벗겨버렸다.

이제 도시는 위기에 빠져 있다. 아무것도 모르는 그대는 아직도 어린아이의 모습으로 잠들어 있다. 무거운 총을 감싸쥐고 찬란할지도 모를 깊은 꿈길을 여행하고 있다.

사막의 밤에 의해 정복된 그대는, 도시의 기력이 쇠진해 야만인들이 이 도시를 필요로 할 때 기름 바른 돌쩌귀 위에서 문들이 스르르 열릴 수 있도록 도와주고 있다. 잠들어 있는 보초. 적들의 척후. 제국은 이미 함락된 거나 다름없다.

보초여, 그대의 잠은 이 완전한 도시를 무너뜨리고 허물을 벗고 자손들에게 생명의 끈을 넘겨줄 것이다. 잠들어 있는 보초를 쳐다보면서 나는 도시의 일그러진 형상을 떠올렸다.

아아, 모든 것이 그대에게서 비롯되었다. 도시의 귀와 눈초리인 그대가 밤을 지새워야 하는 뜻이 대체 무엇이겠느냐. 그대는 세상의 전부와 새로운 관계를 맺어가는 것이다.

별빛에 감싸인 이 집, 저 궁전과 병원들, 죽어가는 이들의 한숨이 가슴에 아로새겨지기도 전에 해산하는 여인의 비명, 어떤 이들의 잠과 철야하는 노동자들의 열정, 누군가의 시, 그리고 은하수에 피어나는 불꽃과도 내밀한 관계가 이루어진다.

보초여, 이들의 가슴에 귀를 대고 심장의 고동소리를 들어보라. 이들은 분명히 살아 있지 않은가. 한밤의 보초여! 그대는 나의 동료이며 제국 그 자체가 아니던가. 그렇다면 나는 허락하리라, 그대가 내게 무릎 꿇을 수 있는 권리를…….

잠든 보초여, 나는 지금 두려움으로 그대를 본다. 그대의 잠 속에서 위대한 제국이 병들고 죽어간다. 이제 나의 사형 집행자는 당연히 그의 직무를 성실하게 수행할 것이다. 그런데 지금 이 시간, 왜 내게 동정심이 싹트고 있을까. 이것은 새로운 문제가 나의 뇌리를 스쳤기 때문이다. 강력한 제국의 힘만이 잠든 보초의 목을 벤다. 그러나 잠을 자고 말 이런 보초에게, 도시의 밤을 맡긴 저 제국에게 무슨 힘이 있단 말인가. 기강 없는 제국의 가혹한 진리를 누가 이해할 수 있을까.

잠든 보초를 죽임으로써 제국이 깨어나는 것은 아니다. 깨어 있는 제국의 권능만이 그를 목벨 수 있다. 주위의 강력한 제국들은 지켜보고 있다. 우리는 그를 죽임으로써 힘이 창조되기를 바라고, 어느덧 핏빛 광대가 될 것이다.

사랑으로 결심을 이루리라. 그리하여 보초들의 경계와 잠든 보초에 대한 유죄 판결의 기초를 확립하리라. 그는 제국의 문을 적들에게 활짝 열어주었기 때문이다.

보초여, 내가 그대에게 보초들만이 가진 영혼의 충만함과 그대가 지켜야 할 구역에 대한 권능을 줄 때 제국의 경계는 안온하며 평안하리라. 물론 그대가 어느 때는 일을 하면서 투덜거리기도 하고, 맛있는 저녁식사를 기다리는 보통의 인간이라는 건 이 순간 아무런 의미가 없다. 그대가 잠자는 것은 좋은 일이고, 잊어버린다는 것 역시 좋은 일이다. 하지만 그대 때문에 제국이 무너진다는 사실은 더할 수 없이 나쁜 일이다.

나는 그대뿐만 아니라 다른 동료들도 구원해야 한다. 그런 까닭에 그대는 체포되어 결국 사형 언도를 받을 수밖에······. 남은 일이 있다면 그대 자신의 고통이 다른 보초들의 경계심으로 승화되기를 바랄 뿐이다.

정복한다는 것은

나는 행복한 꿈속에 잠긴 어린아이를 사망의 바다로 끌어내기 위해 결국 어떤 명령을 내려야 한다. 때문에 나는 울적해졌다.

보초는 내가 보는 앞에서 문득 잠이 깼다. 손을 이마 위로 끌어올리며 그는 가냘픈 한숨을 쉬었다. 내가 있음을 전혀 눈치채지 못한 채 묵직한 총을 들고 그는 밤하늘의 별을 응시한다. 문득 '이 영혼을 정복해야 하는가' 하는 연민이 무겁게 나의 뇌리를 스쳐갔다. 그의 옆에 있는 나, 즉 왕인 나는 그와 외면적으로 같지만 전혀 다른 입장이다. 나는 도시를 바라보면서 몸을 돌렸다.

'내가 그대에게 말해줄 것은 아무것도 없다. 그대도 나와 마찬가지로, 숨쉬고 소유하는 인간이기 때문이다.'

대개 정복한다는 것은 개종시킨다는 것이다. 구속이라는 것은 감옥에 집어넣는 것이다. 그러나 기억하라. 정복한다는 것은 한 인간을 석방하는 것이며, 내가 그대를 구속한다는 것은 한 인간을 짓밟는다는 것, 이것이 나의 언어다.

정복은 그대 속에서, 그리고 그대를 통한 개인의 건설이다. 구속은 나란히 엮인 돌더미일 뿐, 그 안에서 창조란 없다. 나는 인간을 정복해야 한다. 밤을 지새우는 사람과 잠자는 사람, 순찰하는 사람과 그들을 보호하는 사람, 갓난아이 때문에 기뻐하는 사람, 죽은 사람 때문에 슬퍼하는 사람, 예배드리는 사람과 신을 믿지 않는 사람. 그 사람들을 나는 정복해야 한다.

정복이란 뼈대를 잇는 것이며, 충만한 양식을 위해 정신을 영광의 문 안으로 인도하는 것이다. 사람들에게 길을 보여준다면, 그 안에 있는 목마른 이들을 위한 호수를 볼 수 있으리라. 그리하여 신들이 그대를 개안시킬 수 있도록 하리라.

무엇보다도 먼저 어린 그대를 정복해야겠다. 나이 든 사람들은 모든 뼈대가 굳어 제대로 진리를 배울 수 없기 때문에…….

잃음으로써 얻는 것

부드러운 성품과 순박한 믿음, 정숙함으로 가득한 여자들이 냉소주의나 이기주의, 또는 우아한 신앙의 속임수에 위협받는다는 것은 슬픈 일이다. 그리하여 그대는 여자들의 주의를 상기할 수 있다. 하지만 그 때문에 그대의 딸들조차 조심성이 지나쳐 남의 호의를 인색하게 거절하도록 교육시켜서는 곤란하다. 그대가 딸들을 그렇게 키움으로써 그녀들의 마음에서 우러난 보호본능을 파괴할 수 있기 때문이다.

파괴의 속성은 어디에나 존재한다. 너그러움은 기생충 같은 인간을 포용할 위험이 있고, 정숙함은 상스러운 인간에게 속아넘어가기 쉽고, 선량함은 배은망덕한 인간에게 곧잘 더럽혀진다. 이와 같은 인생의 자연스런 위험을 없애려다보면 그대는 이미 죽어버린 세계를 희구하는 꼴이 될지도 모른다. 그리하여 아름다운 신전이 지진 때문에 파괴될까봐 신전을 짓지 않는 것과 같은 오류를 범하고 말 것이다. 그러므로 그대의 딸들에게 자유를 줘 영속하게 하리라. 만약 도둑이 네 딸들 중 하나를 약탈한다면 나는 괴로움에 빠지리라. 하지만 그로써 그녀의 아름다움은 세상에 깨어나게 마련이다.

이런 까닭에 내가 한 위대한 전사를 원하는 경우, 어쩔 수 없이 전쟁터에서 그를 잃어버릴 수 있음을 감내하는 것이다.

모든 진리는 이와 같다. 그러므로 서로 모순되는 그대의 소망은 일찌 감치 포기하는 게 좋다. 그대의 행동은 부조리하기 때문이다.

그대는 고향의 풍습이 창조했던 아름다움에 감탄하다가도 그 풍습이 속박으로 느껴지면 증오하기 시작한다. 그리하여 그대가 앞장서 고향의 풍습을 파괴하게 되면 그것은 결국 그대 스스로를 파괴한 것과 마찬가지다. 실제로 고귀한 영혼들을 위협하는 잔인과 교활에 대한 공포로 그대는 그 고상한 영혼들을 더욱 잔인하고 교활하게 변모시켜버린다. 이런 까닭에 내가 위협받는 것을 사랑하는 것이 조금도 헛된 일이 아님을 알라. 도둑의 목표가 되는 값진 물건들을 비난하지 말라. 거기에 담겨진 의미만 발견하라.

나는 유혹을 받으면서도 충실하게 사는 친구를 사랑한다. 그런 유혹이 없다면 충실성도 없고, 친구조차 없어질 것이기 때문이다. 다른 사람을 위해 쓰러진다는 것은 얼마나 훌륭한 일인가. 나는 몸으로 탄환을 받으면서도 꼿꼿이 서 있는 용사를 사랑한다. 그의 죽음으로 누군가 고귀함을 이룩한다면 나는 그들의 죽음을 과감히 허용하리라. 그리하여 나는 늙을 수 있는 젊은이를 사랑하고, 말 한마디에 눈물지을 수 있는 미소를 사랑한다.

도시의 사람들

이권을 가진 사람의 입장에서 본다면 나의 도시는 비판의 여지가 없지 않다. 아니, 오히려 많다고 봐야 옳다. 하지만 그것은 나로 인해 파생된 문제가 아니었다.

나는 수익자들이 도시에서 이익을 내면서도 타락하지 않고 발전하기를 진심으로 바랐다. 나에게 중요한 것은 오로지 도시의 현상이었다. 나는 한 중위와 함께 사람들의 틈새를 비집고 거닐었다. 그러다가 중위가 지나가는 어떤 사람에게 물었다.

"당신은 무슨 일을 하고 있습니까?"

"나는 목수라오."

"나는 농부입니다."

"나는 대장장이입니다."

"나는 목동입니다."

많은 사람들을 만나보았다. 우물을 판다든가, 병자들을 치료한다든가, 편지 쓸 줄 모르는 사람들을 위해 편지를 써준다든가, 푸줏간 주인과 미장이들, 옷감을 짜는 사람, 옷을 꿰매는 사람 등등……. 이들은 모든 사람들을 위해 일하고 있었으며, 스스로를 위해 낭비하지도 않았다.

이들은 한 번 먹고, 한 번 치료하고, 한 번 옷을 입고, 한 번 차를 마시고, 한 번 편지를 쓰고, 한 집의 한 침대에서 잠자고 있었다. 하지만 그 중에는 궁전을 건설하는 사람과 다이아몬드를 세공하는 사람, 석상을 조각하는 사람 등도 있었다. 이들은 극소수의 인간을 위해 일한다. 때문에 그들은 자신들의 생산물을 조금도 나눌 수 없는 사람들이다.

도시에는 물건을 전혀 만들지 않고도 제국을 위해 봉사하는 이들이 있다. 헌병과 군인들, 시인들, 무용수들, 각 지역의 총독들이다. 그런데 이들은 자신들이 소비하는 물건을 만들지도, 교환하지도 않기 때문에 어디론가 가서 그것을 만드는 사람에게서 훔쳐와야 한다. 공장에서 일하는 사람들이 자신이 만들어낸 생산품을 그들을 위해 쓰겠다고 나서지 않기 때문이다. 그러나 그대가 어떤 사람들에게 모두 제공하겠다고 큰 소리칠 수 없는 어떤 물건들이 있다. 그것을 만들어낼 수 있는 사람들이 아주 드문 것들, 어떤 문명을 대변할 수 있는 가치 있고 소중한 것들이다. 가령 다이아몬드와 같은 물건이다. 다이아몬드는 구슬 같은 눈물을 바친 1년 노동의 결과다. 꽃무덤에서 짜낸 향수의 방울이다. 이런 것들은 모든 사람에게 공평하게 분배될 수 없다.

하나의 문명이란 어떤 물건에 의존하는 것이 아니라 그 물건의 출생에 좌우되는 게 아니던가. 그러기에 나에게 눈물 한 방울과 향수 한 방울의 운명이 어찌 중요하지 않겠는가. 제국의 왕인 나는 병사들에게, 여인들에게, 그리고 노인들에게 빵과 옷을 주기 위해 그것들을 훔친다. 내가 훔친 빵과 옷을 조각가들과 보석 세공사들과 시인들에게 준다고 부끄러울 까닭이 어디에 있단 말인가.

그들도 먹고살아야 하는 인간이다. 그렇지 않으면 다이아몬드도, 궁

궐도, 그밖에 어떤 바람직한 것이라곤 하나도 없다. 백성들이 부유하게 되는 것은 문명이 아닌 분야에 힘씀으로 해서다. 때문에 도시에서는 극소수의 장인들만 고용한다. 어찌됐든 이 문명에 관한 부분은 많은 주의를 필요로 한다. 도덕적인 문제가 개입되어 있기 때문이다.

예언자와의 대화

제국에 냉혹한 시선을 가진 사팔뜨기 예언자가 있었다. 어느 날 그를 보자마자 나는 어떤 침울한 노여움이 가슴 깊은 곳에서 솟구쳐 올라왔다. 이러한 나의 기분에는 아랑곳하지 않고 그가 먼저 말을 꺼냈다.

"죄 지은 자들을 모두 죽여야 합니다."

나는 아무 말도 하지 않았다. 마치 장검처럼 날카롭게 재단된 이 영혼은 악에 반대하기 위해 존재하는 사람이었다. 그는 악이 있으므로 존재한다. 만약 악이 없다면 그의 존재는 어찌되는가? 내가 그에게 물었다.

"행복해지기 위해 그대가 원하는 것이 무엇인가?"

"선善의 승리입니다."

그는 거짓말을 하고 있었다. 이 예언자는 자기의 칼을 뽑지 않고 녹이 스는 것을 행복이라고 이름 붙였기 때문이다. 그로부터 하나의 진리가 굳어지고 있었다. 바로 선을 사랑하는 사람은 악에 관대하고, 힘을 사랑하는 사람은 나약함에 관대하다는 것이었다.

언어란 서로간의 모순점이 있긴 하지만, 그래도 선과 악은 뒤섞여 있는 것이다. 때문에 무능한 조각가들은 유능한 조각가들의 비옥한 땅이 되고, 기근은 공평한 빵의 분배를 촉진한다. 또한 헌병들에 의해 괴로움을 겪고 지하감옥에 갇혀 머지않아 죽음에 이를 사람들, 즉 자신보다 다른 사람을 위해 희생되어 반역을 획책했던 저 사람들은, 자유와 정의에 대한 사랑 때문에 위험과 빈곤과 불의를 받아들인 사람들이다.

그들은 눈부신 매력을 지니고 있는 사람들이다. 그 매력은 내가 그들을 심문할 때 불길처럼 타올랐다. 나는 결코 그들을 죽게 할 수 없었다. 원석이 없다면 영롱한 빛을 발하는 다이아몬드가 어떻게 태어날 수 있단 말인가. 적이 없다면 칼이 어디에 쓰일 것인가. 부재가 없다면 귀환이 무슨 의미가 있겠는가. 유혹이 없다면 정조란 또 무엇이겠는가. 선의 승리, 이것은 모이통 앞에서 배회하는 얌전한 새들의 승리일 뿐이다.

나는 예언자에게 말했다.

"그대는 악에 대해 투쟁하고 있구나. 모든 투쟁은 춤과 같다. 그대는 춤을 추고 있구나. 악에서 그대만의 행복을 끌어내는 그런 춤 말이다. 나는 그대가 사랑에 의해 춤추기를 원한다.

이 세상에는 어떤 사물에 대한 정반대의 무엇이 존재한다. 만일 내가 시를 위한 제국을 그대에게 세워준다면, 이 땅의 논리학자들은 논리나 궤변으로 시에 반대하고 어떤 위험을 그대에게 알려줄 때가 올 것이다. 그러고는 시에 대한 사랑과 그 반대되는 것을 혼동해, 사랑하는 것이 아니라 증오하는 것에 전념할 탐정들이 그대에게서 태어날 것이다. 마치 올리브 나무를 베어내는 것이 삼나무에 대한 사랑과 대등하다고 믿듯이. 그리고 그들은 음악가나 조각가, 천문학자 등을 마침내 지하감옥으로 보낼 것이다.

나의 제국은 이제 쇠퇴할 것이다. 삼나무, 그대에게 생명을 주는 것, 그것은 올리브 나무를 베어내는 것도, 장미의 향기를 거부하는 것도 아니다.

 범선帆船에 대한 사랑을 백성들에게 심어줘라. 백성들의 열성은 돛으로 되돌아올 것이다. 그러나 그대는 이교도들을 추적하고 고발하고 몰살시키면서 범선들이 탄생하는 것을 감독하려 한다. 결국 범선이 아닌 것은 모조리 범선의 반대라고 단정한다. 그것이 그대의 논리니까.

 이렇게 되면 그대의 백성들은 다양한 사랑의 방법이 있다는 죄만으로 몰살당하게 된다. 그뿐 아니라 그대는 범선 자체도 무無로 규정짓게 되리라. 무능한 조각가를 일소해야 유능한 조각가를 우대하는 것이라고 믿는 사람도 그대와 마찬가지다. 그는 교묘한 말로 무능한 조각가들을 유능한 조각가의 적으로 규정지어버린다. 나는 그대 아들에게 그대와 같은 직업을 절대 선택하지 말라고 권하고 싶다."

 내가 말을 마치자 예언자는 성을 내면서 대꾸했다.

 "당신 말에 따르면, 악덕도 너그러이 봐줘야 되겠군요?"

 "암, 반드시 그래야지. 이런……, 내가 쇠귀에 경을 읽은 꼴이군."

배반

—후일을 위한 노트

잘못된 대수학代數學 때문에 이 바보들은 반의어가 존재한다고 생각했다. 민중 선동의 반대는 바로 잔인성이다. 인생은 상반된다고 보는 두 가지 사항 중에서 어느 한쪽을 없애기로 한다면 바로 멸망하게 되어 있다. 나는 그것이 무엇이건 그것의 반대는 죽음, 오직 죽음일 뿐이라고 말하기 때문이다.

대수학자들은 완전의 반대를 추구한다. 삭제에 삭제를 거듭함으로써 그들은 그대의 모든 원고를 불태운다. 대체 완전한 것이 어디에 있는가. 완전을 사랑하는 사람은 항상 무엇을 미화한다. 이처럼 고결함의 반대를 추구하는 사람들, 그들은 그대의 모든 부하를 화형시키고 말 것이다. 아무도 완전하지 않기 때문이다. 이 바보들은 이렇듯 적을 사멸시킴으로써 그들 자신의 존재를 느끼지만 그럼으로써 그들 역시 사멸되고 만다.

그들과 싸움의 대상이 되는 세계는 모조리 의심투성이다. 매복과 피난처와 군수 물자를 저장하는 비밀 창고와 양식들의 가능성, 그러므로 그 무엇과 싸울 때면 그대는 자신을 없애야 한다. 그대의 마음속 어느 한 부분에 적이 존재하기 때문이다.

그대가 어떤 나무가 된다면, 그대는 결코 다른 무엇이 되지 않을 것이다. 그는 본래 그대 아닌 다른 것들에 대해 부당했으므로……. 그대의 열성이 사라질 경우, 그대는 헌병들과 제국을 지속시킨다. 그러나 헌병들만이 제국을 구할 수 있는 처지가 되었다면 이미 제국은 죽은 것이다.

나의 속박은 그의 매듭 속에 수액과 땅을 맺어주는 삼나무의 힘의 속박이지, 가시덤불과 수액을 송두리째 말려 죽이는 것은 결코 아니다. 가시덤불은 물론 삼나무에도 수액이 제공되었기 때문이다.

그대는 사람들이 무엇에 반대해 전쟁을 하는 경우를 본 적이 있는가? 가시덤불을 말살하는 삼나무는 그 가시덤불을 업신여긴다. 삼나무는 가시덤불의 존재를 알지 못한다. 삼나무는 자신을 위해 전쟁을 하고, 가시덤불을 삼나무로 변화시킨다. 그대는 그렇게 적들을 죽이고 싶으냐? 그 누가 죽음을 원할 것인가? 전쟁이란 죽음에 대한 자발적인 수락이다. 그것은 그대가 그 무엇과 자신을 바꿀 때만 가능하다.

대수학자들은 타인을 미워한다. 그 때문에 감옥에는 포로들로 가득해진다. 따라서 적들을 존재하게 해준다. 감옥들은 수도원보다 더 큰 힘으로 제국에 영향을 미치기 때문이다. 그들이 남을 투옥하고 사형을 집행하는 것은 우선 자신을 의심하기 때문이다. 그들은 증인과 판사들을 말살해버린다. 그러나 자각하라. 적들을 모두 죽인다고 위대해지진 않는다. 왜 자신의 잘못을 타인에게 전가하는가. 그것은 막강이 아니라 나약이다. 인간은 강하면 강할수록 스스로 의무에 대한 오류를 자각할 수 있다. 그리하여 자각은 승리를 향한 교훈이 된다.

장군들 중 하나가 자책감에 빠져 사과하자 나의 아버지는 이렇게 말씀하셨다.

"네가 스스로의 잘못을 인식했다고 잘난 체하지 마라. 내가 당나귀를 타고 가다가 길을 잃었을 경우, 길을 잃은 것이 당나귀란 말이냐? 그것은 바로 나다."

그러고는 이렇게 끝맺으셨다.

"배반자들이 변명하는 것, 그것은 그들이 가장 먼저 배반할 수 있었기 때문이다."

홀로 있는 그대에게

홀로 있는 그대여. 침묵의 바다에서 유영하는가. 나의 욕망으로 그대는 빛을 받으리라. 양식을 받으리라. 고독 속에서 그대는 부유해지리라. 그대는 어린아이처럼 두 손을 모으고 내가 주는 선물을 받으리라.

세 개의 조약돌로 전투 함대를 구하고 폭풍우로 그것을 위협할 줄 아는 사람, 내가 그대에게 나무 인형을 주리니 그것으로 군대와 선장을 만들고, 제국의 충성과 준엄한 규율과 사막에서의 목마름에 의한 죽음을 만들어보라. 그대는 헌신하는 이상으로 받으리라. 무의 존재에서 유의 존재가 되리라.

홀로 있는 그대여.

나는 그대 안에서 살아 있기를 원하므로, 말하리라. 어깨가 빠지고 눈이 불구인 남편을 받아들이기 힘들지라도, 승리의 아침이 되면 초라한 침대 위에 누운 궤양 환자는 단지 어제의 남편이 아니라 충만된 기쁨의 상징이 된다.

사물들의 매듭, 그것은 곧 승리다. 그보다 더 열정적인 신은 어디에 있을까. 그 때문에 내가 그대를 방문한 것이다. 그대가 나를 전혀 몰라도 관계없다. 나는 제국의 매듭이고, 그대에게 기도문을 지어주는 사람이다. 나는 삶의 동반자로, 기쁨의 열쇠를 갖고 있다. 그대가 나를 따름으로써 고독은 종말을 고하리라. 이제 그대는 과거의 그 사람이 아니다. 음악도 마찬가지다. 진실도, 거짓도 아닌 음악은 그대를 불태운다. 방금 그대가 이루어졌도다. 나는 그대가 완성 속에서 고독해지는 걸 원치 않는다. 다만 고독과 슬픔으로 그대를 각성시키고자 한다.

열성은 약탈하지 않는다. 소유나 현존을 요구하지 않는 까닭이다. 그러나 시詩는 논리 이전의 이유 때문에 아름답다. 시가 그대의 공간 속에 더욱 잘 어울릴수록 감동은 그대 앞으로 다가서리라.

고독의 기도

―고독으로 당신을 부릅니다.

신이여, 저를 불쌍히 여기소서. 고독이 저를 괴롭힙니다. 이 외로운 방 안에서 저는 군중 속에 있을 때보다 더 고립된 자신을 발견합니다. 저와 비슷한 처지의 어떤 여인은 방 안에 홀로 있더라도 기쁨으로 충만해 있더이다. 귀머거리에 소경인 그녀는 누군가 자신과 함께 있다는 사실만으로도 행복한 미소를 짓습니다. 저 또한 그녀처럼 무엇을 보거나 들으려 애쓰지 않습니다. 저에게도 그와 같은 은총을 베푸소서.

대상들은 사람들이 사는 집이 보이면, 설령 내일 세상에 종말이 온다 해도 기쁨의 노래를 부릅니다. 누구도 그 순간의 환희를 빼앗지는 못합니다. 그들은 사랑 속에서 죽을 수 있습니다. 그러나 저는 그러한 집이 가까이 있기를 바라는 것도 아닙니다.

한 남자가 여왕을 보자마자 첫눈에 반했습니다. 여왕의 미모는 물론 그 남자를 위해 존재하는 것이 아닙니다. 그러나 그 남자는 그 순간 변모합니다. 그리하여 그는 여왕의 병사로 목숨을 바칩니다. 저도 이 남자와 같습니다. 당신의 어떤 약속을 원치 않습니다.

신이여, 저를 불쌍히 여기소서. 성전이 돌에게 어떤 의미가 될 때, 돌도 성전의 의미가 됩니다. 성전은 사람들의 공간을 위해서만 날개를 폅니다. 제가 이와 같은 진실을 배우고 실천하게 해주십시오. 제 고독의 해법은 오로지 이것뿐입니다.

제국의 희망

저속한 행위들은 저속한 영혼을 불러일으킨다.
고상한 행위들은 고상한 영혼을 불러일으킨다.
저속한 행위들은 저속한 동기에서 비롯된다.
고상한 행위들은 고상한 동기에서 비롯된다.
내가 배반하려면 적들에게 배반하게 할 것이다.
내가 건축하려면 석공들에게 돌을 깎게 할 것이다.
내가 평화를 바란다면 겁쟁이들에게 조약의 서명을 맡길 것이다.
내가 죽음을 원한다면 가련한 영혼들에게 선전포고를 하게 할 것이다.

명백하게 다양한 경향 속에서 어느 하나가 우세하다면, 그 방향에서 가장 크게 소리친 사람에게 책임이 있다. 때문에 겁쟁이들에게 희생을 요구하는 것과 마찬가지로 영웅적인 사람들에게 항복을 선택하게 하는 것은 매우 힘든 일이다.

어떤 행위가 어떤 관점에서는 모욕적이고 단순한 것이 하나도 없을지라도, 필요하다면 가장 덜 까다로운 인간을 내세우는 편이 낫다. 나는 콧구멍이 예민한 사람을 쓰지 않는다. 넝마주이 같은 사람들 말이다.

나의 적이 정복자라면, 그와의 협상을 통해 내가 무엇인가를 얻고자 한다면 나는 그들을 인도하기 위해 적의 벗들을 선택하리라. 그렇다고 내가 자진해 굴복한다고 비난하지는 말라. 그대가 나의 넝마주이들에게 항의한다면 그들은 고약한 냄새를 본래 좋아하기 때문이라고 응답하는 소리를 듣게 될 것이다. 또 나의 망나니는 피 냄새를 좋아하기 때문에 죄수들의 목을 자른다고 대답하리라. 그러므로 그대가 그들의 행동거지에 따라 나를 판단하지는 말라. 내가 넝마주이를 용인하고 망나니에게 어떤 일을 맡기는 것은 쓰레기에 대한 혐오감과 사형수의 피에 대한 두려움 때문이다.

그대가 그들을 이해하고자 한다면 뭇 인간들의 언론에 귀를 막아라. 내가 제국의 평원을 지키기 위해 전쟁을 선택할 경우, 영웅적인 군인들을 앞세운다면 그들은 군인의 명예와 승리의 영광에 대해서만 노래하게 된다. 제국의 평온을 위해 목숨 바친다고 여길 군인은 아무도 없을 테니까.

포화가 모든 것을 파괴해버리고 전쟁이냐, 평화냐 하는 것보다 죽음의 잠이 문제가 된다. 약탈로부터 평원에 있는 무엇을 구하기 위해, 그리하여 적들과의 전쟁을 중단하고자 한다면 나는 그들에 대한 증오심이 덜한 사람들에게 문서의 조인을 맡길 것이다.

그들은 이 조인서의 구절구절에 대한 정당성과 의미에 대해 변론할 것이다. 그들은 자신들의 말과 행동의 정당성을 믿어 의심치 않을 것이다. 내가 누군가에게 거부하도록 한다면 그 행동의 모든 책임은 거부한 자의 몫이며, 내가 누군가에게 수락하라고 한다면 그 행동의 책임 역시 수락한 당사자의 몫이 된다. 제국은 입씨름으로 오르내리지 않는다. 그만큼 제국은 강력한 무게와 힘을 내포하고 있다.

이 밤, 나는 왕궁의 꼭대기에서 저 어두운 대지를 바라보고 있다. 불행하거나 행복해 보이는 사람들, 자신감에 차 있거나 절망하고 있는 사람들.

제국은 언어가 없는 거인이다. 그런데 저 사람들은 서로 다르게 제국의 이름을 부름으로써 이 거인을 외침을 가진, 살아 있는 제국으로 탈바꿈시켰다. 그렇다. 아름다운 송가는 보잘것없는 송가들에서 파생된다. 아무도 송가를 연습하지 않는다면 어찌 그 안에서 아름다운 송가가 태어나겠는가.

사람들은 아직도 서로가 모순되는 언어를 갖고 있다. 제국을 말하기 위한 완전한 언어가 확립되지 않았기 때문이다. 그냥 그대로 내버려둬라. 다만 귀를 기울여라.

모두가 옳다. 다만 상대편이 옳다는 것을 이해할 만큼 저들은 높은 산꼭대기에 오르지 못한 것뿐이다. 만일 저들이 서로 욕하고 싸우며 서로 죽이기 시작한다면 모두 이를 수 없는 언어에 대한 욕망 탓이다. 그러다가도 저들이 서로 더듬거리며 대화를 나눈다면 나는 용서해주리라.

영예

어떤 사람이 내게 물었다.

"어찌하여 이 제국의 백성들은 노예 상태를 용인하고 끝까지 투쟁을 하지 않습니까?"

고귀한 사랑에 의한 희생은, 비천하고 저속한 절망에 의한 자살과 다르다. 고귀한 희생을 위해서는 영지와 공동체, 또는 하나의 신이 필요하다. 신은 그대의 뜻을 받아들이고 신의 뜻을 준다.

몇몇 사람들은 다수를 위해 죽음을 택한다. 설령 그 죽음이 자신에게 아무런 가치 없는 개죽음에 불과할지라도 그로 인해 제국은 더욱 굳건해지고, 더욱 밝은 눈과 폭넓은 정신을 갖게 된다. 영예란 자살이 아니라 거룩한 희생의 광채에서 나온다.

삶의 퇴고

"제가 시를 썼습니다. 이제 그 시를 다듬으려 합니다."

내가 이렇게 말하자 아버지는 노여운 표정으로 말씀하셨다.

"아들아, 너는 퇴고가 끝난 다음에야 시를 완성했다고 말할 수 있으리라. 퇴고하는 행위를 빼면 쓴다는 것은 아무것도 아니다. 돌 조각을 다듬고 쪼는 일을 제외하면 조각한다는 것은 대체 무엇이냐.

너는 진흙을 반죽해봤느냐. 주무르고 또 주물러야 하나의 형상이 만들어진다. 도시를 건설할 때 우선 나는 모래를 섬세하게 고른다. 그런 다음에야 도시를 지어나간다. 수정에 수정을 거듭하는 일만이 신께 좀 더 가까이 가는 방법이다."

신중함

그대는 누군가와의 관계 속에서만 스스로를 표현할 수 있다. 따라서 그대의 의미는 사람들에게 어떤 메아리를 남기게 된다. 어쩌면 이것은 개인에게 하나의 함정으로 작용할 수도 있다. 그러나 이는 그들과의 어떤 연결 고리를 확보하기 위해 반드시 필요한 과정이다.

춤이나 음악은 시간 속에서 뛰논다. 그 흐름을 오해하거나 왜곡하는 것은 허용되지 않는다. 그대는 음악 속에서 스스로에게 어떤 감흥을 일으키고 있는 것이다. 그대가 나에게 자신을 내보이는 경우도 마찬가지다. 우리끼리는 하나의 약속이 필요하니까. 그대의 얼굴에 눈과 코와 귀와 입이 없다면 어떻게 서로의 휘고 파이고 볼록하고 오목한 부분들을 느낄 수 있겠는가? 무엇으로 그대의 목소리를 기억하고 메시지를 감지하겠는가? 눈에 띄는 이러한 형상들로 인해 나는 하나의 얼굴을 기억하게 된다. 그대의 얼굴은 단순히 그대의 형체나 표본으로만 이해되며, 그대에 대한 인식의 도구로 내게 받아들여질 것이다.

나는 그대에게서 받은 것이 없다. 그대는 생기발랄하고 재치 있으며, 역설적인 인간일 수도 있으나 시장바닥의 인생임에 분명하다. 그대는 단지 허수아비처럼 물질을 경멸하고 본질을 주장하며, 어떤 야망이 섞인 메시지를 내게 던지기만 했기 때문이다. 그대는 창조의 목적을 오판한 것이다.

신중함이란 그대가 내게 보이고자 원하는 것을 고집하지 않는 데 있다. 나는 예민한 눈을 가지고 있기에 그대가 내 코를 없애려 한다는 사실도 단박에 알아챌 수 있다. 어떤 물건을 남몰래 컴컴한 방 안에 들여놓는다고, 결코 그대가 신중하다고는 하지 않는다.

사막의 주인들

나는 사막의 신기루에서 그대의 길을 열어주고 싶다. 나무와 초원과 가축떼의 자유 속에서, 커다란 공간의 고독한 흥분 속에서, 걷잡을 수 없는 사랑의 열정 속에서 나는 그대가 나무처럼 곧게 하늘로 치솟으리라는 것을 믿는 까닭이다. 애당초 곧게 뻗는 나무들은 자유롭지 못했다. 자유를 누리는 나무들은 삶을 서두르지 않았으므로, 빈둥거리면서 비틀리고 처져 있었다. 이러한 평화로운 나태를 즐기던 나무들은 적들의 모진 공격에 시달리게 된다. 따분하게 태양을 좇던 나무들은 어느덧 생명에 대한 위기의식으로 하늘로 곧장 수직 상승한다. 하지만 그대는 그 안에서 자유나 흥분, 사랑을 찾아내지 못하리라. 그대가 사막에 들어가 생기를 불어넣고 그곳에 남아 있고자 한다면, 그대의 열정은 사막을 옥토로 바꿀 수 있다. 그대는 이르는 곳마다 수로를 건설하고 예비해놓았던 모든 역량을 집중시켜야 한다. 더욱 의미있는 승리를 위해 그대의 사막을 가치 있는 것으로 창조해야 한다. 모래 속에서 번쩍이는 대상들의 백골이 그대의 영광을 증명해줄 것이다. 그대로 인해 백골들이 누워 있는 사막은 태양 아래 풍요한 자신을 과시하게 된다. 그대는 사막의 예식에서 춤추며 정복해야 할 적이 있으므로 찬연히 존재할 것이다.

제국의 척후병이여

그대는 길을 떠난다. 한 우물에서 다른 우물로 기어오르며 물이 축복하는 나라를 향해……. 나는 그대에게 강인한 근육과 위대한 영혼을 불어넣겠다. 그대가 다다를 사막마다 적들로 들끓게 하리라. 때문에 그대는 심신의 정력을 다해야 할 것이고, 그럼으로써 더욱 풍요롭게 변모할 것이다. 적들은 그대가 개척한 우물을 장악하려 하고, 그대는 그들과 싸워 이겨야 한다. 이제 온 신경을 기울여 적들의 동태를 파악해야 하리라. 이 사막에서는 어떤 종족들이 잔인하고 덜 잔인한가, 무장의 정도는 어떠한가 등등…….

사막은 모든 점에서 불변인 듯하다. 하지만 행군을 하며 바라보는 풍경은 그렇지도 않다. 무한한 공간이 누르스름하고 단조로우나, 심신을 위로하는 계곡과 푸른 산, 맑은 물을 담은 호수와 초원들이 있는 평화로운 고장들이 그 사막 때문에 눈에 띌 것이다. 사람들은 그 정경에 이끌려 각자 다양한 걸음걸이와 색채를 띠게 된다. 이 사람은 사형수의 걸음이며, 저 사람은 해방자의 걸음이고, 놀라움의 걸음, 안도의 걸음 등등. 여기서는 누군가를 추격하는 듯하고, 저기서는 그대가 사랑하는 여인의 방 안에서처럼 주의 깊고 신중하게 움직인다.

여행 도중에 큰 변은 일어나지 않을 것이다. 그대에게 그러한 인간들의 삶이 다양하고 필수적이라는 사실과, 거기서 창조될 춤의 질을 풍요롭게 하기 위해서는 필수적이라는 그 사실만으로도 마음이 안정되기 때문이다.

이기적이며 자존심 강하고 침울한 그대를 선택해 이 오물이 넘쳐흐르는 오아시스에서 저 사막으로 보낸다. 씨앗이 깍지 밖으로 튀어나오듯, 그대는 단 한 번의 사막 횡단으로 자신 안에 숨어 있던 한 남자가 드러나 잠들었던 지성과 감성을 깨어나게 할 것이다.

강자의 삶, 그대는 탈바꿈한다. 튼튼한 골격과 강인한 몸매로 무장되어 내게 돌아오리라. 드넓은 사막은 그대를 작열하는 태양으로 달구며, 선인장처럼 무럭무럭 키워내리라. 마침내 그대가 만면에 미소를 띠고 돌아올 때, 그대를 꿈꾸던 여인들조차 놀라 몸을 기댈 것이다.

고행의 열매

길을 걷는 사람들은 무슨 생각에 싸여 있을까?

인간에게 가장 중요한 것은 목표에 다다르는 것이라고, 행복은 욕망의 충족이라고 믿는 저 사람들. 실로 아리송한 부류가 아닌가. 인간에게는 무엇보다도 자기 내면의 밀도와, 발걸음의 무게와, 우물의 베풂과, 기어올라가야 할 비탈의 준엄함이 있어야 한다.

저 사람, 손목의 힘이 빠지고 무릎에 피를 흘리면서도 뾰족한 바위산 꼭대기로 오르는 순간의 기쁨, 어느 휴일 부드러운 언덕의 풀밭에 누워 연인과 즐기는 어느 병사의 보잘것없는 기쁨과 질적으로 다르지 않겠는가.

여왕의 병사

그대가 늙음과 죽음의 길을 인도하는 세월에 대해 표현하고 싶다면 '10월의 태양'이라고 말하라. 그리하여 11월이나 12월의 태양이 뜨면 어떤 인생의 신호가 깜박인다고 생각하라. 낱말이 문장 속에서 머리를 쳐들거든 그 머리를 후려쳐라. 그대의 문장은 포획을 위한 함정이기 때문이다. 나는 결코 그와 같은 함정에 빠지고 싶지 않다.

그대는 읽는 대상에 대해 오판하고 있는지도 모른다. 그대가 우울하다고 말하면 나는 우울해진다. 내가 '파도의 분노'라고 말하면 그대는 막연한 불안감에 휩싸이고, '죽음을 위협받는 병사'라고 말하면 나의 병사들을 걱정하게 된다. 버릇 때문이다. 그 작용은 표면적이라 내가 원하는 대로 그대가 가는 곳을 인도할 수 있을 것이다. 내가 '달빛'을 말한다고 달빛 속에 있는 그대를 지적한다고 생각하지는 말라. 그것이 태양이든 집이든, 그대는 언제나 그대다. 그리고 나는 달빛을 선택했을 뿐이다. 나 자신에게 이해시킬 하나의 낱말이 필요했던 것이다. 나의 행동은 애초에 단순한 나무였는데 차츰 다양화되는 기적이 일어났다. 씨앗이란 축소된 한 그루의 나무가 아니라 시간의 카펫 위에서 나뭇가지와 뿌리를 발전시키는 것이다. 인간도 이와 같다.

내가 거기서 어떤 말을 덧붙인다면, 한 구절로 표현할 수 있는 간단한 무엇을 첨가한다면 나의 힘은 곧 다양해진다. 그래서 나는 인간의 본질부터 변화시키려 하고 달빛 아래서, 집 안에서, 또는 사랑에 관해서도 그의 행동을 변화시키려 한다.

내가 '여왕의 병사'라고 말한다면, 문제가 되는 것은 군대의 힘이 아니라 사랑이다. 중요한 점은 그 사랑이 자신을 위해서가 아니라 위대한 그 무엇을 위해 모든 것을 버린다는 점이다. 이 사랑은 품위를 심어주고 유지시켜준다.

이 병사는 여왕을 위해 자신을 존중한다. 마음 안에 여왕의 사랑을 담고 으쓱한 기분으로 그는 마을로 돌아온다. 이어 사람들이 여왕에 대해 물으면, 곧 수줍음으로 얼굴이 빨개져버린다. 그러다가 전쟁에 동원되기라도 하면 어떻게 되는가. 그는 적에 대한 여왕의 분노와 적개심으로 몸을 떤다. 결코 자신의 왕을 존경하는 병사의 감정은 아닌 것이다. 그러나 언제나 똑같은 전쟁의 결과로 그는 곧 마음을 바꿔 다시 사랑 안으로 들어가게 된다.

명백한 것은, 눈에 비치는 영상은 언제나 일부이고 그대는 깜박이는 램프 불빛에 다름 아니다. 그러므로 그대는 하나의 씨앗이다. 씨앗은 인간을 옥토 위에서 자라게 하며, 무수한 부하들을 만들어낸다. 그대가 여느 인간들 틈에 여왕의 병사를 옮겨놓을 수 있다면, 거기에서 그대의 문명이 싹튼다. 그리하여 그대는 여왕을 잊게 된다.

문장

나의 문장은 하나의 행위다. 나의 마음을 움직이고자 그대가 어떤 이론을 앞세우진 말라. 나는 거기에 대항하는 최신의 이론을 찾아낼 것이다.

그대는 버림받은 여자가 소송을 걸어 바람난 남편을 되찾았다고, 그의 사랑까지 되찾은 경우를 보았느냐? 사랑이 떠난 다음에는 구슬픈 노래밖에 남는 것이 없다. 그 곡조로 누군가의 마음을 일깨울 수 있을까? 그 사람은 이미 화가 난 상태로 결별을 꿈꾸었으리라. 여기에서 창조적인 재능이 개입된다. 인간에게는 무엇인가를 추구하도록 해야 한다. 이는 누구에게 바다를 보여줌으로써 배를 만들도록 하는 이치다. 이로 인해 그는 재능의 여러 갈래를 발휘하게 된다.

사랑이란 사람들의 마음속에서 태어난다. 그 틈에 고통이나 비난을 섞지 말라. 그는 곧 싫증을 느끼고 돌아설지도 모른다. 그러나 그가 원하는 대로 처신하진 말라. 사랑이 사랑으로써 남기를 원한다면 말이다.

도시의 산꼭대기를 오르내리면서 나는 사람들을 관찰했다. 한 아버지가 아들에게 '샘에 가서 이 항아리에 물을 가득 담아오렴'이라고 하든지, 어떤 군인이 부하에게 '네 보초 근무는 자정부터야'라고 하는 언어의 신비.

나는 수송이나 건축, 간호와 도시의 상공업을 돌아보면서 누구보다도 대담하고 창의력이 풍부한 곤충—개미를 눈여겨보게 되었다. 인간의 관찰—개미의 규칙, 나의 여행자는 명확해 보이는 개미의 습성만큼도 언어와 습관 따위를 긴밀하게 연결시켜내지 못하고 있었다.

과연 인간들의 한계는 어디까지인가? 나는 한 예언자의 선동에 평화로운 군중이 들고일어나 진흙탕과 같은 싸움의 도가니 속으로 빠져드는 광경을 자주 목격했다. 그들은 개미와 같은 행동양식을 멸시하면서도 그보다 못한 죽음의 향연 속으로 뛰어들고 있다.

언어 속에는 마술이 있다. 변화하는 사람들은 집이나 일터에서 말을 나누며, 그 낱말 조립의 마술 탓에 죽음에 유혹되기도 한다. 이런 까닭에 나는 사람들의 말에서 조심스레 그 목적을 탐색한다. 언어의 내용은 그리 중요하지 않았다. 그것을 중시하는 부류는 시인들로, '공격하라. 불타버린 향수 내음을 맡고자 하는 사람들이여, 나를 따르라' 따위의 선동적인 언변으로 지도자가 되려 한다. 그러나 그대가 이러한 언변을 섣불리 흉내낸다면 사람들의 웃음거리만 될 뿐이다. 선행을 권장하는 사람들의 경우도 이와 마찬가지다.

행복으로 가는 길

행복을 무슨 필수품처럼 인간에게 분배한다는 것은 불가능하다. 베르베르의 백성들에게 가장 위대한 영웅인 나의 아버지조차 그들에게 해줄 수 있는 것이 하나도 없었다. 그러나 그들은 거친 사막의 혹심한 헐벗음 속에 살면서도 기쁨의 노래를 불렀다.

그대여, 잠시라도 고독과 허무와 헐벗음에서 행복이 나온다고 착각하지 말라. 그들은 필수품의 질과 인간의 행복을 구분할 줄 아는 사람들이었다. 나는 사람들이 보통 행복할 것이라고 생각하는 오아시스의 주둔병보다 사막과 수도원의 침묵 속에서 행복한 사람들이 더 많다는 사실을 경험했다. 그러나 음식의 질이 행복의 질과 반대된다고는 말하지 않겠다. 단지 부유한 사람들은 행복에 대해 잘못 규정하며 살아가는 경우가 많았다는 점을 강조해야겠다.

본시 기쁨이나 행복이란 제국의 영지에서 파생되는 것인데도, 부자들은 그것이 재물에서 비롯되었다고 생각한다. 그럼으로써 그들은 더욱 헛된 부만 추구하게 된다. 사막이나 수도원의 사람들은 가진 게 별로 없으나 기쁨의 원천을 잘 알고 있다. 그들은 열정의 샘물과 절망의 폐수를 결코 혼동하지 않는다.

마음에 호소하는 품격

언제나 성스러운 분노로 가득 차 있는 예언자가 또다시 나를 찾아왔다. 그는 부자들에 대한 징벌을 간청하기 위해 말을 꺼냈다.
"그들은 마땅히 희생을 치러야 합니다."
나는 편안한 마음으로 대꾸했다.
"물론이지요. 그들에게는 생활 필수품으로 세금을 물릴 작정입니다. 그네들에게는 재산이 조금 축날 정도겠지요. 부유하게 사는 데는 별 지장이 없도록 말입니다. 부자들에게 재산이 없다면 그네들은 아무런 가치도 없는 인간이 되어버리니까요."
예언자는 의혹에 가득 찬 눈초리로 나를 재촉했다.
"그렇다면 그들에게 고행을 명령하십시오. 그들은 가난을 겪어야 합니다."
"당연합니다. 단식을 하게 한다면 그들은 가난의 기쁨을 느끼게 되겠지요. 또 강제로 굶는 이들과의 연대의식을 갖게 되거나 결국 자신들의 의지를 시험하면서 신과 결합할 것입니다. 이도 저도 아니라면 살은 좀 빠지겠지요."
그러자 그는 흥분해 큰 소리로 외쳤다.

"왕이시여, 그들은 좀더 강력한 심판을 받아야 합니다."

나는 이 예언자가 감옥에 갇혀 빵과 햇빛을 차단당함으로써 초라하고 나약한 꼴로 생명을 애걸하는 사람에게만 너그럽다는 사실을 잘 알고 있었다. 그는 악은 뿌리뽑아야 된다고 굳게 믿는 사람이었기 때문이다.

"당신은 참으로 위험한 생각을 갖고 있소. 자칫하면 모든 것을 멸망 속으로 이끌, 그런 생각 말입니다. 왜 악을 근절시키는 것보다 선을 권장하고 확산시키는 게 바람직하다는 생각을 하지 않습니까? 인간을 덜 너절하게 보이게하려면 옷을 입히는 편이 낫지 않겠소? 또 그들의 자식들이 굶지 않고, 기도의 가르침으로 잘 키우는 편이 제국을 위해 이롭지 않는가 말입니다. 결국 인간의 선에 가해지는 한계보다 그들의 마음에 호소하는 품격이 문제일 것이오. 나는 작은 배를 만들 수 있는 사람에게는 작은 배로 고기를 잡게 하고, 좀더 큰 배를 건조할 수 있는 사람들에게는 큰 배를 이용해 세계를 정복하게 할 것입니다."

나의 말에 예언자가 반박했다.

"당신은 부富를 가지고 저들을 부패시킬 작정이십니까?"

그 말을 들은 나는 급기야 큰 소리를 내고 말았다.

"왜 내 말을 바르게 알아듣지 못하는 거요? 나는 눈에 보이는 껍데기를 별로 중요하게 여기지 않는 사람이오."

나의 단호한 대응에, 예언자는 결국 자신의 흥분을 삭히지 못한 채 돌아갔다.

헌병

 내가 헌병들에게 하나의 세계를 건설하라고 명한다면 과연 가능할까? 아니다. 그 세계는 결코 태어나지 못한다. 그들에게는 그들대로의 합당한 임무와 자격이 있는 까닭이다.
 헌병의 본질은 인간에 대한 평가가 아니라 명령을 집행하는 것이다. 그것은 세금을 지불토록 하는 것, 어떠한 규칙에 복종케 하는 것, 이웃의 물건을 훔치지 않도록 하는 것 따위다. 이는 어디까지나 명확한 법규에 의한 행동이다.
 헌병은 결코 눈에 띄지 않는다. 그저 벽의 창틀과 건물의 뼈대처럼 그냥 있는 존재다. 그들이 아무리 무자비하게 행동할지라도 그대가 그들을 만날 필요는 없다. 밤에 햇빛을 쬘 수 없거나, 바다를 건너기 위해 여객선을 기다리거나, 왼쪽에 문이 없을 때 오른쪽으로 나가라고 강요받는 일 등은 똑같이 무자비한 경우다.
 그대가 헌병의 임무를 강화하고 이 세상에서 누구도 하지 못할 인간 평가의 책임을 떠맡긴다면, 자기 관할에 속하는 임무 외에 자의적으로 악을 추적할 수 있는 권한을 준다면 당혹해할지도 모른다. 그렇게 되면 일부 사람들만 자유롭게 존속하는 세상이 되고, 그대는 권력의 본질에 더 가까이 이르게 된다. 왜냐하면 질서는 원인이 아니라 결과이며, 그것은 도시의 힘의 기원이 아니라 강력한 도시의 표현이기 때문이다. 생명과 열정과 지향은 질서를 창조하지만, 질서는 생명과 열정과 지향을 창조하지 않는다.

그대여, 헌병의 말투에서 나오는 잡다한 상념들을 있는 그대로 받아들여라. 인간에 대한 그대의 영상이 높고 거창하다거나 고상한 무엇일지라도, 헌병이 그대처럼 그것을 표현하게 되면 저속하고 바보스러워진다는 사실을 직시하라. 하나의 문명을 지고 가는 것은 헌병이 아니다. 헌병의 의무는 명령에 따른 행위의 구속뿐이다. 사람은 절대적인 힘의 영역 안에서 완전히 자유로우며, 보이지 않는 헌병들인 절대적인 구속에서도 완전히 자유롭다. 이것이 제국의 정의다.

나는 제국의 헌병들을 불러 이렇게 말했다.

"그대들은 자신의 행위만 판단하라. 그 행위들은 법규에 잘 나와 있다. 나는 여러분들의 불의를 여과없이 받아들일 것이다. 왜냐하면 도구가 없이 하나의 벽을 제거할 수 없기 때문이다.

과거에는 공격받은 여인이 건너편에서 소리치면, 이 벽은 도둑으로부터 그녀를 보호해주었다. 그런데 이제 그 벽은 벽일 뿐이고, 법률은 법률이 되었다. 그러나 그대들은 인간을 심판하면 안 된다. 즉 인간을 이해하기 위해 인간의 말에 귀기울여선 안 된다. 선악을 판단하는 것이 인간으로서는 불가능한 일이고, 악을 근절하다보면 진짜 선까지 용광로의 불길 속에서 타버릴 수 있는 까닭이다. 또한 그대들에게 벽과 같은 장님이 되라고 요구하는 내가 어떻게 악을 근절시킨다고 할 수 있겠는가?"

감옥을 순시하다가 나는 헌병들이 자신들의 진실을 포기하지 않은 사람들을 모조리 체포해 지하감옥 속으로 던져버렸다는 사실을 알아냈다. 그 감옥 안에서 육신이 자유로운 사람들은 거짓 증언을 했거나 속임수를 쓴 부류였다. 그러므로 그대여, 이 말을 기억하라. 헌병의 교양이나 너의 교양이 어떻든, 누군가를 심판할 권한을 쥐고 있는 천박한 사람들만이 헌병 앞에서 허리를 굽히지 않는다.

  헌병에게 모든 진실은 논리학자의 범주에 속해 있다. 그 외의 인간 나름의 진실은 무엇이든 위법이요, 오류다. 어리석은 논리학자들이 단 한 권의 책, 단 하나의 인간, 단 하나의 말투를 지향하는 것처럼 말이다. 그는 또 바다를 없애려고 노력하면서 선박을 건조하는 헌병이기 때문이다.

공동체

나는 서로 상반되는 사람들의 언사로 인해 지쳐버렸다. 이 공동체 안에서, 이 속박의 틈바구니에서 한 자유의 특질을 찾는다는 것이 왜 그렇게도 부조리하단 말인가.

전장에서 나타나는 인간의 용기 가운데 사랑을 찾는 것처럼…….

결핍의 와중에서 사치를 찾는 것처럼…….

죽음에 대한 긍정적 해석 이후에 쾌락을 찾는 것처럼…….

계급 제도 하에서 결연結緣과 같은 평등을 찾는 것처럼…….

재산에 대한 거부 속에서 그 재산의 이용방법을 찾는 것처럼…….

제국에 대한 전적인 순종 아래 각자의 품위를 찾는 것처럼…….

그대가 누군가를 도와주겠다고 주장할 경우, 인간이 혼자일 때는 어떠한 모습인가를 말해달라. 나는 이미 문둥병자에게서 그것을 잘 보았다. 그리하여 그대가 풍요롭고 자유로운 공동체를 도와주겠다고 간청할 경우, 하나의 풍요롭고 자유로운 공동체란 무엇인지 나에게 말해보라. 또 나는 그것이 무엇인가를 나의 종족인 베르베르의 백성들에게서 잘 보았다.

자신을 움직이는 원천

  사람들은 세상을 어떤 항아리의 형태로밖에 보지 못하므로, 그런 것만을 절대적인 모양이라고 생각한다. 그래서 다른 형태를 발견할 경우, 어린애처럼 당황하곤 한다. 하지만 이웃 제국에서는 그들과 전혀 닮지 않은 인간들이 만들어진다. 사람들은 자신과 그들이 너무나 다르기 때문에 사랑하고 불평하고 증오한다. 그러면서 왜 저들은 나와 같은 완전한 인간의 전형을 그토록 무자비하게 변형시켰는지 묻는다. 그대의 무력함은 거기에서 비롯된다. 따라서 무엇을 만든다는 것이 자연에 대한 인간의 승리라는 점을 그대가 깨닫지 못한다면, 또 어딘가에 소중한 심장과 기둥들, 궁륭穹隆과, 그것을 지탱하는 버팀목이 있다는 것을 알지 못한다면 그대는 나의 성전聖殿을 결코 보존하지 못할 것이다.

  자신을 짓눌러오는 위협에 대해 그대는 전혀 알아채지 못하고 있다. 왜 그런가? 타인의 작품 속에서 일시적인 방랑의 결과만 보기 때문이다. 그대는 이제 한 인간을 삼켜버리려 하는 영원한 위협조차 이해하지 못한다. 그대는 내가 자유롭다고 생각하면서, 내가 속박에 관해 이야기할 때면 분개하곤 한다. 사실 나의 속박은 헌병의 속박과 같이 눈에 보이는 것이 아니다. 그것은 벽 너머의 문처럼 보이지 않기 때문에 더욱 절박하다는 사실을 그대는 전혀 알아채지 못한다.

그 문이 얼마만큼의 모욕인지 그대는 느끼지 못한다. 결국 그대가 아무것도 깨닫지 못하고, 단지 실재하는 현상으로만 살아가려 한다면 그대를 움직이고 일깨워주는 힘은 내가 줄 것이다. 그대는 그대 자신을 움직이는 원천이다. 그러나 그 인식은 그대가 저항할 때뿐이다. 바람에 몸을 맡긴 나뭇잎에게 바람이 없는 것과 같이 해방된 돌에게도 중력이 작용하지 않는다. 그대는 그대 자신을 짓누르는 무거운 속박을 조금도 느끼지 못한다. 그러한 구속은 그대가 한 도시를 불사르고 싶다는 생각이 떠오를 때 비로소 알게 된다. 단순한 그대의 언어로서의 속박은 결코 그대에게 등장하지 않을 것이다.

"모든 법전의 본질은 속박이다. 그러나 그것은 눈에 보이지 않는다."

낯선 이들과의 교감

'정신적인 차원의 인간들을 지배하고 발전시키기 위해, 이미 공포된 세상의 법률을 통일시킬 수는 없을까.'

나는 이 문제를 해결하고자 노력했다. 역대 군주들의 책과 제국 내에 공포된 각종 법령들, 각종 종교적 전례·장례·결혼·출생에 관한 의식, 과거의 의식까지도……. 그 결과는 실패였다. 그러나 제사 의식을 중시하는 이웃 제국에서 온 사람들과 이야기할 때면, 그들 나름의 방식과 더불어 사랑하고 증오하는 모습들과 우리 제국의 유사성을 조금이나마 발견할 수 있었다. 때문에 나는 사랑과 증오에 대해 그들에게 묻곤 했다.

"사랑과 전혀 관계없는 어떤 의식이 사랑을 만들어줄 수 있는가."

하지만 통역을 통해 진술된 그들의 말을 나는 알아들을 수 없었다. 그들과 우리의 거리는 참으로 멀었다. 통역이란 다른 언어로 표현된 것을 가장 유사한 그대의 언어로 바꿔주는 것이다. 이 과정에서 사랑이나 정의, 질투가 어떤 경우엔 질투와 사랑, 정의로 해석되는 경우가 있다. 이와 같은 엇박자 속에서도 어느 정도 교감은 이루어질지 모른다. 하지만 이렇게 되면 결국 엄청난 이해 차이가 빚어지게 마련이다.

그러므로 그대가 다른 부류를 이해하려면 그들의 낯선 행동에 관심을 쏟아서는 안 된다. 인간들간의 상이성은 절대적인 것이다. 사랑도, 정의도, 질투도, 죽음도, 성가도, 어린아이들과의 나눔도, 왕자와의 교제도, 창조 안에서의 고통도, 행복의 모습도, 이해관계의 형태도 비슷한 것은 하나도 없다.

자기의 손톱이 길게 자라면 만족해하며 입술을 다물거나 눈을 찡긋하면서 겸손을 떠는 사람들, 자기 손바닥에 박힌 못을 바라보면서 상대편에게도 똑같은 유희를 요구하거나 지하실에 숨겨둔 금괴의 양에 따라 서로를 평가하는 사람들 등등. 그들이 산 위에 있는 쓸모없는 돌멩이들을 굴리면서 똑같은 자만심을 느끼고, 자신을 비관하는 사람들을 찾아내지 못하는 한 그들은 그대에게 비열한 탐욕주의자들로 비칠 뿐이다.

나의 시도에도 잘못된 부분이 있었다. 나무를 광물질의 정수로, 침묵을 돌로, 우울증을 선線으로, 영혼의 품격을 의식으로 설명하려고 노력한 것이다. 어쩌면 광물의 상승을 나무의 발생으로, 돌들의 배열을 침묵에 대한 취향으로, 선들의 구조를 선들에 대한 우울증의 지배로, 의식을 영혼의 품격으로 해명하려고 노력해야 했을지도 모르겠다.

✤ 이성이라는 이름의 함정

내가 젊었을 때 들녘으로 표범 사냥을 나간 적이 있었다. 표범을 잡으려면 어린 양을 미끼로 삼아 말뚝을 많이 박고 풀로 뒤덮인 함정을 이용하곤 했다. 그리하여 새벽녘에 나가보면 한 마리의 표범을 발견하게 된다. 그대가 표범의 습관을 잘 알고 있다면, 그대는 어린 양들과 풀을 가지고 표범을 포획할 함정을 만들어냈을 것이다. 하지만 그대가 내게 표범잡이 함정을 연구해달라고 청한다 해도 내가 표범에 대해 아는 것이 없다면 헛일이 된다. 그러므로 나는 유일한 친구였으며 맹수 포획의 명수였던 기하학자에 대해 말하겠다.

그는 표범 냄새만 맡고도 함정을 만들어냈던 사람이다. 그는 함정을 한 번도 못 보았는데도 말이다. 많은 사람들이 그 사실에 대해 의구심을 가졌지만, 어쩔 수 없이 고개를 끄덕이게 되었다. 표범이 기하학자에게 번번이 사로잡혔기 때문이다.

사람들은 말뚝들, 어린 양, 풀, 그리고 함정을 만드는 여러 요소들과 더불어 이 세상을 관찰하게 되었고, 그들의 논리에 따라 어떤 진리를 끌어내고 싶어했다. 그러나 진리란 쉽게 나타나는 것이 아니지 않는가. 기하학자는 표범을 자신에게로 인도하기 위해 귀로歸路와 흡사한 길을 신비스럽게도 이용했다. 나의 아버지는 인간을 사로잡기 위해 자기의 의식을 만들어낸 또 다른 기하학자였다. 그런데 논리학자들, 역사학자들, 비평가들은 오래된 의식으로 무장한 채 그들은 상대를 똑바로 쳐다보면서도 거기에서 인간의 영상은 조금도 끌어내려 하지 않는다. 그들은 '이성'이라고 부르는 떠도는 이름으로, 제멋대로 미끼들을 던져줘 새로운 의식을 파괴했다. 그리하여 마침내 우둔한 시대가 왔다.

무엇이 세상을 이끄는가?

　제국의 대장장이와 목수들이 언젠가 배(船)가 못과 판자로 만들어진 것을 기화로 바다 위에서 자신들의 권력을 행사하려 했다. 그들은 왜 착각하는가? 철공소와 목공소에서 배가 만들어지는 것은 아니다. 바다를 향한 인간의 욕망과 배 만드는 기술의 발달로 철공소에서 만든 못과 목공소에서 켠 판자의 수요가 증대되었을 뿐이다. 즉 수요와 공급의 원칙이 적용되었다는 이야기다.
　대장장이와 목수는 단지 자신들이 잘 알고 있는 못과 판자에 대해서만 언급할 수 있다. 누가 그들에게 배 전체에 관해 물어보기나 하겠는가? 제국의 세무서원들도 마찬가지다. 그들에게 인류의 문명 발달 과정에 대해서는 아무도 물어보지 않는다. 다만 슬기롭게 국고를 살찌우기만을 바랄 뿐이다. 그래서 내가 재정에 관한 법규와 세금 징수에 관한 조항을 어쩌다 변경하려 하면, 그들은 투덜거리면서 저항하려 한다. 그들은 어떤 관계를 추구하기 때문이다.
　사실 배는 나의 욕망에 근거한다. 그러므로 나는 대장장이나 목수를 격려할 뿐, 그들이 하는 일에 참견하지 않는다. 세무서원에게도 마찬가지다. 규율과 관계없이 규율을 따르게 하는 것, 때가 되면 못과 판자의 시대가 올 것이다. 법률의 시대가 올 것이다. 하지만 그것들은 인생의 현실과 맞서 마멸에서 벗어난 자신들을 보여줄 것이다.

나는 항상 그대에게 말해왔다. 미래를 세운다는 것은 우선 현재를 깨우치는 일이라고……. 배를 만드는 것도 이와 같다. 그것은 우선 바다를 향한 욕망을 바로 불사르는 데 있다.

그대여, 이 부분을 주목해주기 바란다. 재료를 지배하는 크고 논리적인 언어는 존재하지 않는다. 그대는 제국을 나무, 강, 도시, 산, 그리고 사람들로 각각 쪼개 설명하려느냐? 또 대리석상에 비친 그대의 우수를 선線과 코, 턱, 귀 등의 개념만으로 설명하려느냐? 그대는 신전의 명상을, 그것을 구성하는 돌멩이를 내세워 설명할 수 있느냐?

'강압은 불가능을 실현시키려다 그 실패에 대한 비난과 흥분으로 난폭하게 변하는 데서 출발한다.'

논리적인 언어란 없다. 나무는 광물질의 수액에서 창조되는 것이 아니다. 나무는 씨앗에서 자란다. 다만 나무는 수액을 흡수해 빛 속에 자신을 일으키고자 한다. 이처럼 새로 일으킬 나의 제국에 대해 몰두하는 두 종류의 인간이 있다. 그 중 한 부류는 지성으로 유토피아를 구축하고자 하는 논리학자들이다. 그러나 그들의 논리는 자칫하면 속 빈 강정이 될 가능성이 짙다. 창조란 창조자가 아무리 지성적이라 해도 지성적으로 이루어지는 것이 아닌 까닭이다. 십중팔구 이 논리학자는 폭군이 된다.

또 다른 부류는 무지한 족속들이다. 그들은 목동이거나 목수일 수도 있다. 본래 창조란 지성으로 이루어지는 것이 아니기 때문에, 그들은 그대에게 결과를 알 수 없는 점토를 반죽하게 한다. 그러고는 불만족스런 표정으로 이리저리 쿡쿡 찔러보다가, 자기가 만족을 느끼고서야 비로소 그 동작을 멈춘다. 그리하여 어떤 교감이 이루어진 그 형상은 곧 조각가를 움직이고, 그대에게 무엇인가를 전달하기 시작한다. 이젠 그대도 그 형상에 매여 있게 되었다. 그 형상이 지성이 아니라 정신에 의해 만들어진 까닭이다. 즉 세상을 이끄는 것은 정신이다.

사랑의 조건

노예 상태에 있지 않은 사람들에게는 저마다 나름대로의 의견이 있다. 어떤 경우에는 그 말이 대체 무슨 의미를 담고 있는지 알 수 없을 때가 많다. 물론 나는 알고 있다. 이는 그들의 타고난 변덕이 아니라 각자 내면의 진실을 표현하는 방법이 서투른 까닭이다. 그래서 사람들은 그 의견을 전적으로 받아들이지 못하고 여기저기서 자기 입맛에 맞는 언어를 취사 선택한다.

진실이란 어느 한 켠에 몰려 있는 것이 아니다. 그대의 내면을 말 한마디로 모두 담아둘 수 있을까? 만일 가능하다면 그것이 오히려 변변찮은 말이 되지는 않을까? 그대가 제국의 가수로 악사들의 구태의연한 연주에서 벗어나고자 한다면, 우선 손가락 훈련을 한 다음 자신의 악기를 퉁기면서 가수로서의 능력을 발휘해야 한다. 그것은 일면 전쟁이고 속박이며 인내심이다. 그대가 촌부의 자유에서 벗어나고자 한다면 근육을 단련시켜야 하고, 시인의 자유에서 벗어나고자 한다면 스스로의 두뇌를 훈련시켜 주어진 문제들을 직접 해결해나가야 한다.

행복으로 가려면 행복이란 집착을 버려야 한다. 행복이란 창조의 보상물이기에 행복의 조건들은 창조를 향한 전쟁이며 속박이고, 인내심에 다름 아니다. 아름다움이나 자유에 관한 조건들도 이와 같다. 그것들은 그대에게서 하나의 인간이 형성되었을 때 그 인간에 대한 보상을, 하나의 제국을 갖게 되는 것이다.

그대에게 우애의 조건들은 그대의 평등이 아니다. 평등이란 복종의 보상이며 신 안에서만 이루어지기 때문이다. 위계질서를 이루는 나무도, 성전도 마찬가지다. 그대여, 부분이 전체를 지배하는 것을 본 적이 있느냐.

군대 없는 장군? 장군 없는 군대? 평등이란 제국의 평등이고, 우애란 제국이 주는 보상이다. 우애가 반말이나 욕이나 하라는 권리는 아닌 까닭이다. 우애는 계급의 보상이며, 그대가 건축한 성전의 보답이다.

아버지가 존경받고 맏아들이 어린 동생을 돌보는 가정에서 그 가족들이 함께 하는 만찬은 매우 흐뭇한 시간이다. 아무렇게나 부려놓은 건축 자재들처럼 그들이 서로 의존하지도, 돕지도 않는다면 그들 사이에 존재하는 것은 과연 무엇일까.

그대를 사랑하기 위해 그대가 어디에 있고 그대가 누구인가를 안다는 것, 그리하여 바다의 거센 물결 속에서 그대 자신을 구원했다면 나는 그대의 생명에 대한 책임만큼 사랑을 주리라. 나는 목동이 되리라. 그대를 등불처럼 여기며 염소젖을 마시러 그대를 찾으리라. 이렇듯 우리는 서로 대접하는 관계가 되리라.

역정을 내면서 나와 동등해지길 원하거나 억누르려 하는 사람에게는 할 말이 없다. 나는 절대로 그런 사람에게 소속되고 싶지 않다. 그대의 마음도 이와 같지 않은가. 나는 누군가의 죽음으로 인해 비통에 빠질 수 있는, 바로 그런 사람만을 사랑한다.

다음 세대를 위하여

시골의 외양간에는 순한 가축들이 살고 있다. 그 곁에 자라나고 있는 식물들에게는 내가 나누어줄 언어가 없다. 인간들은 이제 어느 정도 침묵을 깨우치게 되었으므로, 이 가축들만이 대상隊商들 속에서 생명을 증언해주고 있으리라.

그대는 암에 걸린 사람을 보았느냐? 입술을 깨물고 겪어내는 그의 고통은 이미 육체의 소란을 초월했다. 그러므로 그 사람의 정신은 나무로 변해 제국 안에 싱싱한 가지를 뻗고 뿌리를 내리고 있다. 그는 제국의 사물이 아니라 의미가 된다.

말없는 고통은 비명보다 강렬하다. 도시는 그런 고통 속에서 충만해진다. 그대가 사랑하는 여인이 입술을 깨물고 고통을 참는다면 그 아픔이 온전히 그대 몫이 되듯이. 나는 인생의 신음소리를 듣고 있다. 외양간에서, 들판에서, 물가에서 영속하고 있는 나지막한 삶의 신음소리를 ……. 어린 송아지가 외양간에서 '메……' 울고 있다. 늪에서는 개구리들이 사랑의 대화를 나누고 있다. 우거진 히이드 나무 숲에서는 수탉이 여우에게 사로잡혀 '꺼억꺼억' 비명을 지르고, 오늘 저녁 그대의 식탁에 오를 염소가 자신의 처지를 알기나 하듯 처량하게 울어댄다. 산에서는 야수들이 포효한다. 고통의 시큼한 내음을 따라 그의 모든 제물들이 얼어붙고, 정오의 군중처럼 어떤 빛을 발하기 시작한다. 그리하여 땅과 하늘과 물가의 짐승들은 해산과 사랑, 죽음으로 윤회를 계속한다.

'아, 거기엔 마차소리가 있다. 세대에서 세대로 삐걱거리며 굴러가는……'

순간 나는 사람들이 살면서 느껴야 하는 고통을 이해하게 되었다. 그들도 세대에서 세대로 삐걱거리면서 자신들의 권리를 옮겨간다. 밤이든 낮이든, 도시건 시골이건 몸의 세포가 찢어졌다가 다시 아물듯이 분열은 냉혹하게 지속된다. 새삼 느끼는 상처의 통증처럼 나는 내 마음의 변화를 인식하게 되었다.

사람들은 사물의 의미와 함께 하고 있다. 여기에 숨겨진 비밀을 찾아야 한다. 사람들이 각기 자신의 암호를 사용하듯이 아이들에게 언어를 가르친다. 그 보물상자의 열쇠, 그들은 마음에 쌓인 경이와 신성을 아이들에게 전수한다. 물질은 썩기 때문이다.

확실히 이 마을은 빛나고 있으며 감동적이다. 그들이 이토록 다음 세대를 예비하지 않는다면 새로운 세대가 이 도시를 야만의 정글로 만들 것은 자명한 이치다. 그 자손들이 인간의 피가 도는 세상에 살기 위해서는 잡다한 사물 속에 들어 있는 집, 영토, 제국의 참모습을 읽을 수 있도록 가르치지 않으면 안 된다. 그래서 나는 그대들의 자식들이 그대와 닮도록 가르칠 것을 요구한다. 이것은 강제로 교과서 따위를 외워서 되는 것이 아니다. 아이들은 정이 없는 타인들에게 아무것도 배우지 않기 때문이다.

언어로 표현할 수도, 포착되지도 않는 진리를 알게 하라. 그렇지 않으면 다음 세대의 백성들은 텅 빈 야영지를 떠돌며 이리저리 방황하는 승냥이가 될 것이다.

제국의 공무원들

　공무원들은 한마디로 낙천주의자다. 그들은 이렇게 말한다. '낙천주의란 좋은 것이고, 완전이란 힘이 미치지 못하는 곳에 있는 법'이라고……. 물론 완전이란 사람들의 힘이 미치지 못하는 곳에 있지만, 그것은 캄캄한 밤바다의 북극성 같은 의미를 가지고 있다. 그 별이 없다면 폭풍우 속의 항해는 불가능하기 때문이다. 그 바다 속에는 안주할 식량조차 없으므로 그대는 그곳에서 송장과 다름없는 꼴이 될 것이다.

　어떠한 장소가 그대를 열광시키는 것은 그 장소가 승리의 목적이기 때문이다. 그러나 그대가 새로운 승리를 갈구하는 전쟁은 다른 것이다. 그대는 자신의 만족을 위해 제 작품과 남의 작품을 비교하는 데 몰두할 것인가?

그대는 변화하는 사람이다

나의 종교의식이나 시골길에 놀라는 그대는 그야말로 장님이다. 조각가들을 보라. 그들은 마음으로 표현할 수 없는 무엇을 가지고 있다. 살아 있는 사람이 가지고 있는 그 무엇 때문에 조각가들은 진흙으로 그것을 빚으려 한다.

길을 걷다가 그대는 조각가의 작품 앞을 지나간다. 그러다 오만하거나 우수에 젖은 하나의 얼굴을 흘낏 스쳐본다. 그대의 걸음은 멎지 않았지만 순간 그대는 변화하기 시작했다. 아니, 완전히 돌변해버렸다. 그대는 이미 새로운 방향에 시선을 주었다.

과거에 어떤 사람은 표현할 수 없는 감정으로 진흙 위에 엄지손가락 자국을 냈다. 때문에 언젠가 그 길 위를 지나는 그대는 형언할 수 없는 감정에 동화되고 만다. 이는 10만 년 후의 그대일지라도 마찬가지다.

❧ 엘크수르의 기적

사막의 바람은 우리가 목표로 하는 오아시스에 풍요를 실어다준다. 야영지에는 새들이 날아와 천막마다 기어들었다. 그러나 그 새들에게는 먹이가 없으므로 한낮의 뜨거운 태양 아래 무수히 죽어갔다. 새들은 순식간에 말라붙어 나무껍질처럼 '우지직, 우지직' 소리를 내며 죽어갔다. 그러면 나의 병사들은 새들의 사체를 바구니에 모아 바다로 던져버렸다.

뜨거운 사막의 태양.

우리가 처음으로 갈증을 느낄 즈음, 몇몇 병사들은 신기루를 보기 시작했다. 고요한 물 속에 질서정연하고 웅대한 도시가 나타났다. 한 병사가 미친 듯이 소리지르며 그 신기루를 향해 달려갔다. 이동하는 오리들이 다른 오리들에게 영향을 주듯, 그의 절규는 다른 병사들의 마음을 격동시켰다. 그때 나는 재빨리 총을 들어 그를 쏘아 쓰러뜨렸다. 순식간에 상황은 진정되었다. 그러자 한 병사가 갑자기 눈물을 흘리면서 모래 위에 주저앉았었다. 나는 그가 동료의 죽음을 슬퍼하는 줄로 알았다.

"무슨 일인가?"

내가 다가가 묻자 그는 발 밑에서 바스락거리는 새의 잔해를 들어 보였다. 그는 동료가 쓰러진 사막이 아니라 새들이 사라진 하늘을 바라보고 있었다.

"하늘의 솜털이 사라지면 인간에 대한 신의 징벌이 가까워졌다는 징조랍니다."

우리는 물을 찾아 우물 속에 들어간 사람을 꺼냈다. 그는 정신을 잃고 있었다. 우물 속이 말라버린 것이었다. 우리에겐 피의 샘인 우물. 그러나 지금 우물은 우리의 절박한 꿈일 뿐이었다. 모두가 절망감으로 고개를 떨구었다.

이튿날 저녁, 우리는 다시 우물을 파보았다. 여전히 물은 나오지 않았다. 처량하고도 화려한 별들이 밤하늘을 가득 메웠다. 이제 우리의 양식은 별빛같이 반짝이는 다이아몬드뿐이었다. 아침이 되자 태양이 삼각의 포진으로 사막의 안개를 헤치며 솟아올랐다. 마치 우리 백성들의 심장을 꿰뚫는 송곳처럼. 뚜렷한 직사광선의 화살에 병사들이 쓰러져갔다. 머리가 이상해진 사람들은 혼잣말을 지껄이면서 일어섰다.

우리의 사막에는 더 이상 신기루도 깨끗한 지평선도 없었다. 단지 탁탁 튀기는 벽돌가루처럼 모래먼지로 자욱하게 뒤덮이는 중이었다.

나는 고개를 들어 천막의 받침대 틈으로 밖을 응시했다. 멀리서 깜부기 불빛 같은 것이 반짝였다.

"아아, 저 빛은 신이 우리를 멸망시키려는 신호인가?"

탄식이 저절로 나왔다.

나는 마지막으로 남은 세 마리의 낙타 중 두 마리의 배를 갈라 내장의 수액을 마신 다음 다른 사람들에게 나눠주었다. 그러고는 실낱 같은 희망으로 몇 사람을 엘크수르의 샘에 파견했다. 몇몇 사람들은 나의 명령을 쓸데없는 짓이라고 비웃었다. 하지만 나는 단호하게 결정했다.

"만약 엘크수르에 희망이 없다면 우리가 그곳으로 가나 여기에 있으나 결과는 마찬가지가 아닌가? 우리에게 예비되어 있는 것은 죽음뿐이다."

견디기 힘든 이틀이 지났다. 남은 부하들 중 3분의 1이 죽었다. 그리고 사흘째, 드디어 엘크수르로 파견했던 사람들이 돌아왔다. 산 채로 돌아왔다. 그 중 한 사람이 통곡하듯 말했다.

"왕이시여, 엘크수르에는 생명의 물이 솟아나고 있습니다."

사막의 폭풍이 가라앉은 틈을 타 우리는 생명의 샘물이 일렁이는 엘크수르에 다다랐다. 샘물 주위에는 빼빼 마른 막대기 위에 꽂힌 먹빛 형상들이 가득 도사리고 있었다. 우리가 가까이 다가가자 그 형상들은 분노의 음향을 지르며 지상으로 폭발했다. 까마귀떼였다. 뼈대를 모조리 파괴하고 달아나는 살점과도 같이 달빛 가득한 하늘을 까맣게 덮으며 비상하는 까마귀떼. 우리는 어둠 속에서 우리의 머리 위를 뒤덮는 신의 선물에 감사했다.

우리는 허공에서 배회하는 까마귀들을 잡아 배를 채웠다. 까마귀 고기의 그윽한 향기, 그리고 맑은 엘크수르의 샘물은 사람들에게 생명의 기적을 안겨주었다.

감사의 기도

신이여, 저는 오늘 당신을 보았습니다. 우리 군대의 나무껍질과도 같았던 육신이, 이제 잘 익은 오렌지처럼 피와 살로 충만해졌습니다. 기운을 차린 병사들의 근육은 그토록 우리가 원했던 성채를 향해 나아가도록 할 것입니다.

아아, 작열하는 태양볕이 한 시간만 더 지속되었더라면 우리는 이 지상에서 멸망했을 것입니다. 우리와 우리의 자취는 흔적도 없이 말입니다. 저는 오늘 웃음소리와 노랫소리를 들으며, 나의 추억의 창고이며 아득한 존재에 대한 열쇠인 병사들을 바라봅니다.

모든 희망과 절망과 기쁨이 그 위에 있습니다. 그 한 시간의 태양, 우리의 엘크수르……. 저는 우리의 목표인 오아시스를 향해 진군하려 합니다. 알지 못하는 족속들에게 우리의 관습을 전해주기 위해서 말입니다. 미개한 그들에게 제국의 등장은 크나큰 변화의 씨앗이 될 것입니다. 그들은 엘크수르가 품고 있는 기적을 알지 못합니다. 다만 그 물로 배를 채울 뿐입니다. 하지만 우리의 기적의 샘물은 위대한 도시와 큰 정원을 창조해냅니다. 그것은 나의 뜻이며, 당신의 은총에 다름 아닐 것입니다.

마른 씨앗에 물을 뿌리니 씨앗은 물 마시는 즐거움 외에는 무관심해졌습니다. 마치 지금의 나의 병사들같이 말입니다. 물은 도시와 성전과 성벽, 거기에 딸린 정원들의 잊혀진 힘을 일깨워줍니다.

 나는 당신이 궁륭의 열쇠인지, 공동의 척도인지, 상호간의 의미인지 알지 못합니다. 다만 보리밭과 엘크수르의 샘물과 저의 군대에서 아무렇게나 쌓아둔 건축 재료들을 발견하고 있습니다. 별 아래 어떤 도시를 비춰주는 당신의 존재가 없다면 말입니다.

신비의 오아시스

우리는 마침내 오아시스 근처의 도시를 관망할 수 있는 곳까지 전진했다. 그렇지만 우리 눈에는 굉장히 높고 붉은 성벽밖에 보이지 않았다. 그곳에는 장식이나 어떤 돌출물, 총안銃眼조차 없었다. 외부 세계의 어떠한 시선도 용납하지 않는 저 성벽은 거만스런 풍채를 과시하고 있는 듯했다. 다가갈수록 우뚝 솟아 보이는 성벽, 도시 밖에는 태초부터 아무것도 존재하지 않았던 것처럼 느껴지는 그곳에는 무한한 침묵만 자리하고 있을 뿐이었다.

첫날, 나는 그 성곽의 둘레를 배회하며 돌파구나 어떤 약점, 아니면 최소한의 막힌 출구를 찾아 헤맸으나 아무런 성과가 없었다. 우리는 그들의 사정거리에 이르는 지점까지 걸어갔다. 몇몇 병사가 불안감에 사로잡혀 위협사격을 했지만, 역시 아무런 반응이 없었다. 침묵의 성벽 뒤에는 몽상에서 벗어날 가망이 없어 보이는 딱딱한 등껍질 속의 악어 같은 도시가 갇혀 있었다.

이튿날, 나는 멀리 솟아 있는 높은 고지로 올라 성벽 안을 다시 자세히 관찰했다. 그 안에는 물냉이처럼 빽빽한 초원들이 있었다. 이상하게도 성벽 밖에는 메마른 모래와 자갈, 작열하는 태양 외에는 한 포기의 풀도 자라지 않고 있었다. 오아시스의 샘물은 오로지 그 도시만을 위해 쓰여졌다. 빼곡하게 자란 나무와 여러 종류의 새들, 꽃들이 만개한 저 낙원의 몇 발걸음 건너 삭막한 사막 위를 우리는 멍청하게 배회하고 있을 뿐이었다.

낯선 성채에서 아무런 허점도 찾아내지 못한 병사들은 조금씩 겁을 집어먹었다. 이 도시는 결코 외부에 대상을 파견한 적도 없고, 어떤 여행자의 관습을 배운 적도 없는, 멀리서 포로로 잡은 어떤 소녀에게도 자신들의 핏줄을 남기지 않은 신비로운 역사를 간직하고 있는 듯했다. 그런 점이 나의 부하들에게 그동안 싸워왔던 지상의 어떤 민족들과는 전혀 다른 무형의 괴물과 조우한 듯한 두려움을 안겨주었다. 이 괴물의 껍데기는 눈에 보이지만 그 이빨은 전혀 발견할 수 없었다.

다른 사람들같이 나 역시 일단 사막을 건너고 나면 헤아릴 수 없는 무엇들과 만나곤 한다. 반대하면서 마음의 길을 열어주는 사람이 있다면 그를 정복하거나 사랑할 수도, 그로 인해 죽고 싶은 마음이 생기는 경우가 있다. 그렇지만 전혀 알지 못하는 사람에 대해 무슨 일을 도모할 수 있겠는가? 그러한 내면의 고통 속에서 우리는 성벽 밑에 허연 모래 지대를 찾아냈다. 해골들의 자취였다. 먼 고장에서 이 오아시스를 찾아온 사람들의 마지막 흔적이 바로 거기 있었다. 절벽에 다다른 파도가 뿜어대는 하얀 포말과도 같이 이 도시는 우리가 정복하고자 하는 도시라기보다 우리를 공략하고 있는 듯한 분위기를 자아냈다. 만약 이 비옥한 땅에 딱딱하고 잘 여문 씨앗을 심는다면, 그 씨앗을 둘러싸고 포위하고 있는 것은 땅이 아니다. 그 씨앗이 싹을 틔운다는 것은 곧 땅 위에 자신의 제국을 퍼뜨리는 셈이기 때문이다.

정복자가 될 것인가, 패배자가 될 것인가.

군중은 그대를 에워싸고 밀친다. 만일 그대가 속 빈 강정 같은 인물이라면 곧 짓밟히고 억눌릴 것이다. 그러나 그대가 심오한 정신으로 무장되어 있고, 그 바탕이 튼튼한 사람이라면 그대는 군중에게 어떤 깊은 인상을 심어주고 이내 힘을 발휘할 것이다. 그리하여 그대가 걷기 시작하면, 군중은 그 뒤를 힘차게 따를 것이다. 저들의 저의도 이와 같다. 우리가 그들을 빙 둘러싸면 그들은 일부러 눈을 감고, 우리의 위험한 놀이를 방관했다.

이런 생각이 들자 나는 즉시 장군들을 불러모았다.

"나는 이 오아시스의 도시를 격동시켜 점령하는 방법을 생각해냈소. 그들은 우리의 새로움에 눈뜰 것이 분명합니다."

장군들은 내 말을 이해하진 못했지만 별다른 방법이 없었으므로 대부분 고개를 끄덕였다. 그러나 내심으로는 인간의 힘으로 어쩔 수 없는 일이라고 자조하는 듯했다. 장군들이 내게 물었다.

"왕이시여, 도시의 사람들이 당신의 말에 귀기울이지 않는다면 어찌할 것인가요?"

"그대들은 사람들이 새로운 소리를 거부할 수 있다고 믿고 있소?"

"사람의 마음이 확고부동하다면 유혹에 둔감한 경우도 있지 않습니까?"

"사람들은 자기가 열중한 문제에 대한 해답을 누군가가 제시하는 경우, 받아들이게 마련이오. 이 도시의 사람들도 예외라 생각지 않소. 그렇지 않다면 저 굳건한 성벽은 대체 누가 세울 수 있었겠소? 만약 그대들이 메마른 우물 주변에 성벽을 쌓고, 내가 그 외부에 호수를 만든다면 그대들의 성벽은 저절로 무너지고 말 것이오. 물 없는 도시라는 게 우스꽝스럽지 않소?

 만약 비밀을 지키기 위해 그대가 두터운 성벽을 쌓았다고 해봅시다. 그 외부에서 나의 병사들이 그보다 더한 비밀을 목이 터져라 외쳐댄다면, 그대가 굳게 지키던 비밀의 성벽은 금세 무너져 내리지 않겠소? 또 그대들이 극에 달한 아름다운 춤을 간직하기 위해 튼튼한 성벽을 구축했다고 합시다. 내가 그대의 성벽 밖에서 그것보다 화려한 공연을 펼친다면, 그대들은 나의 춤을 배우기 위해 그 성벽을 부수고 뛰쳐나오지 않는다고 장담할 수 있겠소? 그 지경에 이르러서도 성벽을 고수한다면 해답은 한 가지뿐이겠지요. 그대들이 완전히 미쳐버린 것이라는……."

 아무리 질기고 튼튼한 악어 가죽이라도 악어의 생명이 끊어지고 나면 아무것도 보호하지 못한다. 나는 콘크리트 철근 속에 박혀 있는 적의 도시를 바라보면서, 그 힘의 원천과 약점들을 예리하게 주시했다.

 "춤을 이끌어가는 것은 도시인가, 나인가. 밀밭에 독보리 씨앗을 뿌리는 것은 위험하기 그지없다. 독보리는 밀의 존재를 지배하려 들기 때문이다. 외모나 숫자는 문제가 아니다. 힘은 씨앗 속에 들어 있으므로, 그 수를 세려면 단지 시간이 필요할 뿐이다."

어린아이의 힘

 그렇게 나는 저 단단한 성채를 앞에 두고 오랫동안 명상했다. 참된 성벽은 그대 자신 안에 있다. 칼을 휘두르는 병사들은 그 사실을 잘 알고 있다. 이제 그대는 무사통과할 수 없게 되었다. 사자가 힘차게 발톱을 휘두르면 커다란 황소조차 둘로 찢어놓는다. 마치 전신주에 아무렇게나 나붙은 벽보를 떼어내듯이. 물론 그대는 이렇게 말할 수 있으리라.
 "어린 꼬마는 아무래도 어리다. 세상의 내로라 하는 영웅들도 어릴 땐 훅 하면 금방 꺼져버릴 양초같이 허약하지 않았겠는가?"
 나는 주위의 노인들과 어린아이들을 바라보았다.
 "허약한 어린아이라고? 허약하다는 말을 하려면 군대를 이끄는 장군처럼 허약한 어린아이라고나 해야 옳다."
 여왕벌 주위에 모인 벌떼, 금광에 모인 광부들, 지휘관 휘하의 병사들을 보면서 그들이 일심동체를 이루고 하나의 힘을 지니는 것은 씨앗이 양분을 흡수해 나무로 커가듯 탑과 성벽과 영혼이 스민 은밀한 미소가 그들을 포옹했기 때문이다. 그 미소는 투쟁을 위해 지어진다. 어린아이의 살 속에는 취약점이 보이지 않는다. 그러므로 도시 전체는 어린아이의 하인이 된다.

그대는 이 거인의 외모와 주먹과 그의 외침을 믿느냐? 그대는 시간 속에서 그것을 잊는다. 시간은 흘러 흘러 뿌리를 내리고, 거인은 이미 자유를 박탈당한 존재로 남는다. 그대가 허약하다고 믿는 그 어린아이가 이미 군대의 선봉에 서 있다. 거인은 결코 아이를 짓밟지 못한다. 거인에게 아이는 위협적인 존재가 아닌 까닭이다. 그렇지만, 분명코 말하건대 그대는 목격할 것이다. 어린아이가 거인의 머리 위를 타고 올라 힘찬 발길질로 거인의 머리를 부수고 마는 것을.

성벽을 허무는 법

우리는 종종 강자가 약자에게 짓밟히는 광경을 본다. 그 순간이 어쩌면 허위이거나 환상일지도 모른다. 그렇기 때문에 우리는 현실의 언어를 착각하게 된다. 시간을 초월한 까닭이다.

아무리 허약한 어린아이라도 거인의 분노를 산다면, 그 거인은 아이를 짓밟아버릴 것이다. 거인의 분노를 자극하는 것은 그 어린아이의 놀이도, 의미도 아니다. 그것은 지배이며 권리다. 그러나 아이가 자라 성년이 되면 거인을 도울 정도의 힘은 갖게 될 것이다. 드디어 그 아이가 연설을 할 수 있게 되어, 1천여 명의 병사들을 끌어모아 그 거인을 포위하면 거인은 갑옷에 둘러싸인 꼴이 될 수도 있다.

그대여, 다가가 갑옷을 헤치고 거인의 살갗을 만져볼 수 있겠는가. 아이는 자라나 세상을 철로 된 갑옷처럼 정돈시킬 것이고, 단 하나의 씨앗만이 발아한 우리의 성전들처럼 한때의 폭군들이며 그의 병사들과 헌병들은 일순간에 멸망을 맛보게 되리라. 그 씨앗은 거목에서 나왔다. 마침내 거목은 잠깨어 기지개를 펴면서, 그 팔의 근육을 팽창시키며 뿌리를 뻗는다. 그 뿌리가 저 성벽의 벽과 기둥과 천장을 부수고······. 그러면 나무는 이 먼지구덩이 속의 폐허가 된 재료 위에서 군림하기 시작한다.

그렇다. 이제 나는 거목을 무너뜨릴 수 있다. 이 나무가 위대한 성전이 된 까닭이다. 나는 바람이 부는 대로 날아다니는 단 하나의 씨앗만 준비하면 된다.

시간에게 그대는 무엇을 보여주려느냐. 이 도시는 자신의 두꺼운 갑옷 속에 갇혀 있다. 나는 안다. 자신의 저장품 속에 갇혀 있다는 것은 죽음을 받아들이겠다는 무언의 메시지다.

나의 군대는 엘크수르 샘의 깊은 물에서 솟아나왔다. 우리는 신의 군대다. 누가 우리를 거역할 수 있으랴. 이 성전을 부수려면 나의 씨앗 속에 갇혀 있는 나무를 단 한 번만 깨움으로써 갑옷 속에 있는 균열을 찾아내면 그만이다. 이제 이 도시는 길든 도시가 되기 위해 취야 할 춤만 알게 되리라. 그대는 이제 꿀사탕 같은 나의 여인, 자신만을 믿는 도시에 불과하다.

불의

불의에 관해 증오하지 말라. 불의는 변화하는 한순간의 현상일 뿐이다. 그러므로 그것은 때때로 정의가 되기도 한다. 불평등도 마찬가지다. 그것은 보이거나 안 보이는 하나의 계급일 뿐이다.

인생을 경멸하거나 증오하지 말라. 만약 그대가 커다란 무엇에 복종한다면, 그대 인생은 그 커다란 힘 안에서 안주하는 머저리가 될 뿐이다. 증오는 영원한 독단의 사생아다. 독단이란 그대의 인생의 의미를 파괴하고, 힘에 대한 절대적인 복종의 가난한 구실일 뿐이다.

죽음

본능은 죽음을 회피하는 경향이 있다. 동물들 역시 살고자 하는 욕망을 갖고 있다. 생존하고자 하는 성향은 모든 성향들을 지배한다. 그렇듯 생명이란 신의 소중한 선물이다. 나는 그 빛을 잘 보존할 책임을 부여받았다.

그 누구나 스스로를 구원하기 위해 영웅적으로 투쟁한다. 요새를 포위하거나 공격할 때의 용기를 유지하라. 그리고 도취하라. 그리하여 비밀스런 선물을 몰래 받아라. 침묵 속에서 죽어나가지 않도록 조심하라.

밤

 밤이다. 야영하는 부대의 모닥불빛이 하나둘 꺼져가고 있다. 나의 군대는 전진하는 힘이다. 도시는 화약통처럼 폐쇄된 힘이다. 나의 군대는 성벽 안에 점점 뿌리를 뻗고 있는 중이다. 어둠 속에서 내가 지배하려는 도시의 영상을 응시해본다. 시간이라는 한 척의 배처럼, 뜨거운 태양이 지나가면 차가운 밤의 어둠이 도래하고…….
 꿈을 위한 기름진 밤. 밤은 낮의 과오를 바로잡기 위해 있다. 결과는 낮에 이루어졌던 까닭이다. 그래서 밤에 내가 승리했을 경우, 축배는 환한 낮으로 미루게 되리라.
 어둠 속에 여문 포도송이의 수확을 기다리는 밤. 추수가 유예된 밤. 해가 떠야 인도될 수 있는, 포위된 적들의 밤. 노름이 끝난 밤에 노름꾼들은 잠자러 가고, 상인들도 잠을 잔다. 그러나 그들은 파수꾼에게 명령권을 위임했다. 장군도 잠자리에 들었다. 그 역시 파수꾼에게 명령권을 위임했다. 선장도 잠을 잔다. 그는 1등기관사에게 모든 명령권을 위임했다. 그리하여 1등기관사는 돛대 근처의 오리온 좌를 그의 시선이 미치는 곳까지 데려다놓는다.
 명령이 잘 전달되는 밤. 창조가 휴식을 취하는 밤. 그러나 사람들이 속임수를 쓰는 밤. 도둑들이 움직이는 밤. 반역자가 성채를 공격하는 밤. 울부짖음이 크게 울리는 밤. 기적의 밤. 사잇잠을 깨는 밤.

그대는 사랑하는 여자를 위해 그 밤을 지키는 등불이다.

씨앗을 받는 밤, 신이 인내하시는 밤.

문명

 부자들의 풍요를 내가 왜 묵인하는가? 바로 그들의 풍요를 이용해 좀 더 고상한 무엇인가를 유지할 수 있는 까닭이다. 도시의 환경을 위해 청소부들이 존재하는 것과 마찬가지다. 나쁜 취미가 있으므로 좋은 취미를 구별할 수 있다. 가령 무엇이 자유의 조건이 되는 경우 내면의 속박을 일부 용인하기도 하고, 부자들의 경우 다수의 정신적인 고양에 이바지하도록 하는 조건으로 묵인된다.

 부자들은 농부들에게서 곡식을 약탈하는 대가로, 이 돌대가리들은 전혀 이해할 수 없는 시 몇 편이나, 아니면 한 번쯤이나 제대로 감상할까 궁금한 조각 작품들에게 자신의 재산을 헌납한다. 이 부자들같이 우둔한 약탈자가 없었더라면 시인이나 조각가들이 어찌 제국에서 살아남을 수 있었겠는가. 문명에서 그 창고 주인의 문패는 그리 문제되지 않는다. 그것은 전달의 수단이며, 길이며, 오직 시간의 통로일 뿐이다. 만약 그대가 곡식 창고를 시와 조각과 궁전의 창고로 개조하고, 백성들의 귀와 눈을 속인다고 나를 비난한다면 나는 부자의 허영심이 그의 보물들을 진열했을 뿐이 아니냐고 말하리라.

 궁전도 이와 마찬가지다. 문명은 창조한 물건의 효용에 가치를 두는 것이 아니라 창조를 향한 열정에 더욱 큰 의미를 부여하는 까닭이다. 제국의 진열장 속에 부자나 무용~~舞踊~~을 전시하지는 않는다. 만약 그대가 부자에게 열 번이면 아홉 번의 저질적인 취미를 보여주고, 감상적인 시인들과 조각가들을 옹호하는 것이냐고 비난을 한다면 그냥 들어라!

나무에서 꽃을 바라는 경우, 어떤 상황에서는 나무 전체를 받아들여야 한다. 나쁜 조각가들 가운데 좋은 조각가가 나온다. 저질의 창고 중에서도 분별 있는 창고가 하나쯤 있게 마련이다. 바탕은 넓을수록 좋다. 그대는 지금 나의 논리에 따라 멸망에서 벗어날 수 있는 체제를 요구한다. 그러나 그런 방법은 없다.

그대는 성전을 짓기 위해 돌을 다스리는 법을 내게 묻지 않았다. 성전은 건축가의 힘으로 이루어진다. 그렇다. 내가 존재하고, 나의 시를 가지고, 시를 향한 비탈길을 이룬다면 그 길은 신의 영광을 위해 백성들의 열정과 창고의 곡식과 부자들의 행동양식을 죄다 흡수한 것이다. 창고에 주인이 있다고 흥미를 갖는다든지 고약한 냄새에 매료되어 악취는 그냥 둔다든지 하지 않는다. 나는 재료가 아닌 것에는 아무런 흥미가 없다.

아첨을 대하듯 음악을 무시하고, 증오를 대하듯 박수를 무시하며, 모든 것을 통해 신을 섬기는 동굴 속의 멧돼지보다 더 고독한 나. 산비탈에서 시간이 흐르는 동안 조약돌을 단지 한 줌의 꽃씨로 바꿔 날려보내면서, 나무보다 더 굳게 뿌리내린 나. 돌이킬 수 없는 유배의 몸짓으로, 어느 한 켠으로 기울어짐 없이 오로지 한 그루의 나무를 위해 나는 존재한다. 나무를 위해 나무의 요소를 옹호하는 내게 그 누가 항거하겠는가.

눈을 뜨고 사물을 다시 보라

나는 그대가 사물의 의미에 눈멀기를 바란다. 그런데 그대는 대개 문간에서만 내게 넋두리를 늘어놓는다.

"인생은 무의미하기만 합니다. 아내는 잠만 자고, 노새는 마구간에서 쉬고 있으며, 밀은 밭에서 익어갑니다. 나는 어리석게도 끝없이 기다리는 신세랍니다. 아아, 참으로 권태롭기만 합니다."

진리의 구슬을 꿰지 못하고 읽을 줄도, 놀 줄도 모르는 어린아이 같은 자여. 잃어버린 시간 속에서 그대는 아무 목적도 없이 유영하는 사람이다. 그러나 실망하지 마라. 그대의 유영은 아름답다. 그것은 해안으로 밀려들어온 바닷물과 함께 하기 때문이다. 삐걱거리는 도르래는 그대에게 물을 제공한다. 해안의 검은 흙에서 자라나는 황금빛 밀도 이와 마찬가지다. 그대가 다만 도르래의 소리를 내기 위해 줄을 당기고, 옷감의 질감을 위해 바느질을 하고, 육체의 향연만을 위해 정욕을 불태운다면 그대 자신에게 돌아오는 것이 대체 무엇이겠는가?

그 행위들은 그대에게 아무것도 제공할 수 없다. 창조가 없는 행위였기 때문이다. 그대는 밀을 수확하기 위해 밭을 갈고, 축제를 위해 바느질을 한다. 다이아몬드를 세공하기 위해 원석을 자른다. 이제는 하나의 의미를 가진 창조가 개입되었다.

그대가 보기에 행복해 보이는 사람들이, 그대보다 많이 가진 것이 무엇이라고 생각하느냐? 신이 맺어주는 안식을 빼고는 말이다. 그대가 스스로의 방식을 찾아 변화하지 않는다면 결코 평화를 찾지 못하리라. 그대가 하나의 전달 수단으로 길과 수레를 만들지 않는다면 제국 안에는 단순한 피의 유전만 이루어지리라.

나는 그대가 존경받고 존중받는 인물이기를 바란다. 그러면 나는 세상의 무엇이라도 억지로 탈취해 그대에게 주고자 한다. 하지만 그대는 자신의 물건을 쓰레기통에 집어던지는 인물이 아니더냐. 그대는 막연히 어떤 구원자를 기다리고 있는 것은 아니냐? 그가 홀연히 나타나 남들이 그대에게 해주지 못하는 어떤 것을 모조리 해결해줄 것이라는 망상에 빠져 있는 것은 아니냐?

그렇다면 길 가는 사람들의 걸음걸이를 지켜보라. 병원으로 문병 가는 사람의 걸음걸이와, 빈집을 향해 아무런 희망 없이 가는 사람의 걸음걸이, 또 사랑하는 사람을 만나기 위해 딛는 즐거운 걸음걸이는 분명 다르지 않느냐. 결국 나 자신, 있는 그대로 사물을 꿰뚫는 만남이 되고 해안이 되는 것이다. 그리하면 모든 것이 변화한다.

나는 언덕 너머에 있는 밀이요, 어린아이 너머에 있는 인간이요, 사막 너머의 샘물이요, 굵은 땀방울 너머에 있는 다이아몬드다.

나는 그대의 마음속에 한 채의 집을 짓게 하리라. 그 집이 완성되면 그대 마음을 불태워줄 주인이 찾아올 것이다.

사랑을 위하여

세상이 기회를 주지 않는다고 불평하는 자는 자신에게 소홀한 사람이다. 사랑이 절실하게 필요하다는 등의 넋두리를 늘어놓는 자는 사랑을 전혀 모르는 사람이다.

사랑이란 저절로 다가오는 누군가의 선물이 아닌 까닭이다. 사랑의 기회는 얼마든지 있다. 그대는 사모하는 여왕을 섬기는 근위병이 될 수도 있다.

나는 별들을 사랑하는 기하학자를 알고 있다. 그는 한 줄기 별빛을 가지고 어떤 규칙과 형태들을 변형시킬 줄 아는 행복한 사람이었다. 개량한 장미를 자랑하던 정원사도 마찬가지였다. 기하학자는 자신의 별 때문에 아쉬워하고, 정원사는 때때로 자신의 정원 때문에 슬퍼한다. 그러나 그대에겐 기하학자의 별도, 정원사의 정원도, 아이들이 갖고 노는 해변의 둥근 자갈도 전혀 부족하지 않다. 이럴진대 그대가 가난할 까닭이 무엇이란 말인가.

나의 보초병들을 보라. 그들은 농담과 폭언을 일삼으며, 순찰이나 야경을 돌 때 같은 동료들끼리도 적대시한다. 그러나 막상 일이 끝나면 그들은 언제 그랬냐는 듯이 정답게 대화를 하며 즐긴다. 일이란 자체가 그들의 적이었으며, 생존의 한 조건이었던 것이다.

  전쟁이나 사랑도 이와 마찬가지다. 보초병들은 그들끼리만의 식사를 한다. 그들이 나누는 빵 한 조각, 한 조각에는 따스한 정이 있으며 나름의 의미가 있다. 그들의 식도를 통해 들어간 빵이, 보초병들의 살이 되고 피가 되어 도시를 지킨다. 일이 끝난 후 그들이 도시의 홍등가로 몰려가 여자를 유혹할 때 무슨 말을 하겠는가.

  '난 성벽 위에서 총알이 귓밥을 스쳐가도, 그냥 꼿꼿하게 버티면서 총을 쏘아댔지' 하면서 거만스럽게 빵을 한 입 크게 베어문다. 그러나 오해하지 말라. 나의 보초병은 결코 거짓을 말한 것이 아니다. 그는 헛된 자만심이 아니라 여자에 대해 뭐라 형언할 수 없는 감정을 표현한 것이다. 다만 그들의 고백이 서툴고 단순했을 뿐이다. 그리하여 그녀가 애잔한 미소를 지으며 손을 내민다면, 보초병은 자신의 고귀한 사랑을 가슴속에 구겨넣고 소중하게 간직할 것이다. 물론 그가 이름도 모르는 신을 위해 죽을 때까지겠지만. 결국 그는 죽음으로써 제국을 구원할 것이다. 그리곤 그대의 허영 앞에 빛나는 승리를 뼈다귀처럼 던져주며 이렇게 말하리라.

  "나를 이용하는 자여, 사랑이 있었다고? 내게도 사랑이 있었으므로 그대들에게 이렇게 말할 수 있다. 사랑을 노래하는 그대들을 나는 비웃고 있다고."

나의 병사들에게

　죽음의 위험에 과감히 달려드는 것과 단지 죽음을 받아들이는 것은 전혀 다르다. 나에게는 멋지게 죽음에 도전했던 젊은이들이 있었다. 그들의 우렁찬 노랫소리가 내 가슴속에 일렁인다. 그들은 패배의 예감에도 불구하고 과감히 칼을 뽑아든다. 마치 엄청난 판돈을 걸고 최후의 카드를 뒤집는 도박사들처럼. 그들의 재산은 당장 아무 소용이 없음을 잘 알고 있기 때문이다. 다만 그것을 거는 그의 손만이 감동의 도구가 된다. 그 손에서 모든 수확물과 목장과 평원이 전개되고 있다. 그 전쟁에서 승리한 사람만이 자신의 초원에서 맑은 공기를 마시며 산책할 수 있다. 하지만 승리의 열매는 오래가지 않는다. 승리를 먹고사는 사람은 없다.

　죽음의 위험을 감내한다는 것은 곧 생명을 받아들이는 행위다. 그것에 대한 애착은 인생에 대한 애착에 다름 아니다. 그대의 승리는 자신의 창조에 의해 패배의 수렁을 넘어선 것이다. 이와 마찬가지로 사람들은 아무런 위험 없이 가축들을 지배하면서도 그 정복을 자랑하지 않는다.

　병사여. 그러므로 나는 그대에게 더 많은 것을 요구한다. 그 문턱, 죽음에 도전하는 것과 죽음을 받아들이는 것은 너무나 다르기 때문이다.

짧은 명상

완전한 시란 행동 속에서 존재하고, 그대의 근육 끝자락까지의 모든 것을 선동한다. 그것이 바로 나의 종교적 신념이다. 가냘픈 메아리, 희미한 움직임, 나는 강력한 언어로 그것들을 네 마음속에 한데 묶어놓는다. 그것은 생지옥의 유희다. 그대가 어깨를 굽힌다면 그곳으로 들어갈 수 있다.

질서나 의식, 의무와 신전의 건축, 매일매일의 종교적 의례 등에 또 하나의 인간의 행동이 담겨 있다. 글은 조금이나마 그대를 알게 해주고, 그럼으로써 희망을 품게 해주고, 마음을 정화시켜준다. 물론 그대가 방심해 내 말에 조금도 감동하지 않을 수 있다. 이처럼 과장 없는 종교 의식에 복종할 수도 있다. 이런 인색함으로 그대는 의식의 관용 속으로 편안히 끌려들어갈지도 모른다.

나는 그대의 자제를 요구하지 않는다. 마치 나의 병사들에게 제국을 위해 항상 열정적이기를 바라지 않는 것처럼. 나는 수많은 병사들 중 한 사람이 그런 상태에 있어주는 것만으로 충분하다. 그리하여 영원 속에서 눈부시게 하는 불빛과, 흑진주가 발견되는 바다, 축제의 의미, 죽음 속에 있는 완성을 알고 있기를 바란다.

거짓말쟁이 세상

 도시를 지키고 있는 보초병은 거짓말쟁이다. 그는 만찬에 나오는 양고기 수프에만 관심을 기울인다. 밤낮으로 시를 읊조리는 시인은 거짓말쟁이다. 어느 저녁, 복통이 그를 엄습하면 그의 입에서는 온갖 상스러운 신음소리가 터져나올 것이다. 사랑에 빠졌다고 고백하는 사람은 거짓말쟁이다. 모기 한 마리가 그를 습격하면 그는 금방 사랑의 늪에서 뛰쳐나와 권태로움에 하품을 한다. 언제나 신과 함께 하고 있다고 떠벌리는 성자는 거짓말쟁이다. 신도 가끔은 바다처럼 그의 뒤로 물러선다. 그러면 그는 메마른 해파리와 같은 꼴이 된다.
 사람들은 모두 거짓을 말하고 있다. 그들은 자신들의 무감각에 대해 깨닫지 못하고 있다. 그들이 원하는 것은 오직 권태뿐이다. 권태는 정신의 병약함에서 나온다. 그대는 알고 있지 않느냐, 사팔뜨기 예언자의 성스러운 노기를. 그대가 어떤 인간의 외양만 보고 징벌하려 한다면 그것은 커다란 잘못이다. 의식은 일상생활의 권태와 인습으로 인해 타락한다. 정의의 고고한 규칙이 비열한 놀이의 칸막이로 이용되는 꼴을 너는 보고 있지 않느냐. 그때 그대는 누구의 무기력을 탓하겠는가.
 나는 꽃이 없어도 꽃을 피우기 위해 애쓰는 나무를 알고 있다.

🌿 나무는 과일을 익게 하고

그대여, 계층에 따라 사람을 판단하지 말라.

"인간에게서 기대할 것이라곤 하나도 없습니다. 그들은 무례하여 타산적이고, 이기적이며, 비겁하고, 또한 추잡한 족속들입니다."

이와 같이 말하는 그대는 딱딱한 돌멩이를 가리키며 왜 '거칠고, 육중하며, 두텁다'는 식으로 표현하느냐. 그 돌멩이로 이루어진 성전에 대해서는 또 어떻게 말할 참이냐.

인간이란 본래 예측불가능한 존재다. 이웃 종족들의 사회를 살펴봐라. 그들 하나하나는 가정을 사랑하며, 강아지를 키우고, 가구와 집을 고치거나 정원을 꽃향기로 가득 채우곤 한다. 그러므로 그들은 전쟁이나 약탈을 좋아하려야 할 수가 없다. 그리하여 그대는 '그들은 평화를 사랑하는 종족입니다'라고 말할지도 모른다.

그것은 그대의 오만이며 편견이다. 실로 그들은 오랫동안 전쟁 준비에 힘을 기울인 커다란 수프 그릇에 불과하다. 선량함과 다정함, 동물에 대한 연민의 정, 꽃에 대한 사랑은 다가올 피의 제전을 예비하는 마법의 식단일 뿐이다. 그대는 나무를 건축 재료로서의 가치로만 평가하진 않았느냐? 오렌지 나무에 관해 말하면서 그대는 그 뿌리와 살의 맛, 껍질의 끈적임이나 까칠한 감촉, 그 자기의 조직을 비판하려느냐? 오렌지를 보고 나서 오렌지 나무를 평가하라.

그대가 징벌하고자 하는 이들도 마찬가지다. 각각의 개인은 별다른 사람이 아니다. 그들의 나무는 많은 사람들의 비겁함과 욕망에 항변하며, 괴로움 속에 빠진 육신을 희생시킬 준비가 되어 있는 영혼을 자아낸다. 그들은 다락방 창문으로 보이는 한 줄기 별빛만으로 숨을 쉰다. 그런 모습을 보면 내 마음이 흡족해진다. 그대가 논쟁을 볼 때 나는 조건을 보기 때문이다. 나무는 과일의 조건이 되고, 돌은 성전의 조건이 되고, 사람들은 종족의 조건이 된다.

이젠 사람들의 감미로운 꿈이나 집에 대한 사랑에 박차를 가하리라. 지금은 수프 그릇을 채우기 위한 흑사병, 범죄, 기아가 문제인 까닭이다. 다른 사람들이 선량하지 않다거나 꿈을 거부한다거나 집에 대한 집착이 엷더라도, 그러한 조건들이 몇몇 사람들의 고귀함을 이루는 요소가 된다면 나는 그들을 용서하리라. 이 부분에서의 논리적인 바탕이 내겐 분명 없다.

통치

 제국의 순경들이 나를 찾아와 부패의 원천인 비밀 조직을 찾아냈다고 보고했다. 그들은 비밀 조직에 소속되어 있음직한 인물들의 행위에서 찾아낸 일치점과 상호관계, 회합 장소 등을 열심히 설명했다. 내가 그들이 왜 제국에 해악을 미치는가에 대해 묻자 순경들은 그 조직원들의 비리와 횡령, 그리고 그들이 일으킨 각종 추태에 대한 기록들을 늘어놓았다.

 "그래? 나는 그보다 더 위험한 조직을 알고 있네. 그들과는 싸울 엄두조차 못 낼 정도의 조직을 말일세."

 순경들은 놀라 물었다.

 "그건 어떤 조직입니까?"

 "왼쪽 관자놀이에 점이 있는 사람들의 모임일세."

 그러자 순경들은 내 말을 이해하지 못했다. 전직이 목수였던 순경 한 사람이 헛기침을 하면서 입을 열었다.

 "그런 부류는 조직이라고 할 수도 없습니다. 우선 회합 장소조차 없지 않습니까?"

 "자네는 그게 훨씬 더 위험하다고 생각지 않나? 전혀 발각되지도, 의식하지도 못하는 사이에 그들은 암암리에 나의 법령에 대해 반대하고 똘똘 뭉쳐 나의 정의를 무너뜨리려 하고 있네. 그리하여 그들은 꿋꿋하게 자신들의 계급과 이권을 지키려 하고 있다네."

그러자 순경이 다시 반론을 제기했다.

"저는 그들 중 한 사람을 잘 알고 있습니다. 마음씨 좋고 너그러우며 정직하지요. 그는 제국을 지키다가 세 군데나 상처를 입은 영웅입니다."

"정말 자네는 그렇게 믿고 있나? 여자들이 지각이 없다고들 하지만, 그 중에 이성적인 여성이 한 사람도 없다고 생각할 수 있을까? 장군들의 목청이 우렁차다고 내성적인 장군이 그 중에 한 사람도 없다고 자신할 수 있겠는가. 어떤 예외에 대해서는 재론하지 말게. 일단 징조가 나타난 사람을 골라 뒤를 캐보도록 하란 말일세. 그들은 유괴, 폭력, 횡령, 사기, 탐욕, 파렴치 등의 온상일 거야. 자네는 정말 그들이 이런 범죄와 무관하다고 생각하는가?"

다른 순경들이 즉각 이구동성으로 말했다.

"아닙니다. 욕망이 그자들의 주먹 속에서 눈을 떴을 테니까요."

나는 다시 물었다.

"어떤 나무가 썩은 열매를 맺는다면 그 잘못은 대체 나무인가, 열매인가?"

"당연히 나무입니다."

"그렇다면 몇 개의 성한 열매 때문에 나무의 죄를 사해줄 수 있겠는가?"

"아닙니다. 그럴 수는 없습니다."

다행히도 제국의 순경들은 죄를 용서하지 않는 투철한 직업관을 유지하고 있었다.

"그러므로 왼쪽 관자놀이에 점이 있는 사람들의 조직을 나의 제국에서 소멸시키는 것은 정당하다."

내가 이렇게 선언하자 전직이 목수였던 그 순경은 여전히 개운치 않은 표정을 지었다. 그러자 순경들은 그를 주시하면서 웅성거리기 시작했다. 그 중 한 명이 전직 목수를 위아래로 훑어보며 말했다.

"이자가 알고 있다는 그 사람은 혹시 자기 동생이 아닌가? 아니면 아버지…… 아니면 가족 중 한 사람일지도……?"

그때 나는 치미는 분노로 소리질렀다.

"왼쪽 관자놀이에 점을 있는 집단은 위험하다. 우리가 전혀 고려해본 적이 없는 부류니까. 그렇지만 그 반대 경우는 어떠하냐? 우리 눈에 띄지 않도록 가면을 쓴 인간들은 모두 위험한 존재란 말일세. 결국 나는 모든 인간들의 집단에 철퇴를 내려야 한다.

순경들이여. 자네들은 순경이라는 직업 외에, 또 인간이라는 사실을 인식한 까닭에 나는 자네들을 통해 세상을 정화하려는 걸세. 무슨 말인지 아직도 깨닫지 못하고 있군. 나는 자네들의 내면에 살아 있는 순경이라는 인식에게, 또 다른 자네들의 내면에 도사리고 있는 인간이라는 인식을 지하감옥 속으로 던져버리라는 말을 하고 있단 말이야!"

그러자 순경들은 당황한 표정으로 입을 꾹 다물었다. 제국 안에서 그들은 오로지 주먹으로만 생각해야 하는 사람들인 것이다. 나는 즉시 겸손을 떠는 듯한 표정을 짓고 있는 전직 목수였던 순경을 체포하라고 명했다.

"너는 순경의 자격을 상실했다. 너는 목수에게 저항하는 나무와도 같이 내게 저항했기 때문이다. 너희는 순경이므로 내가 흉악한 부류로 지정한 인간에 대해 관찰하는 것만이 바른 행동이다. 그런데 너는 그런 임무를 망각했다.

너는 어느 범죄자를 체포했더라도 그 이웃이 경건한 인간이라고 하여 방면할 것이며, 그에 대한 자비의 본보기로 그 이웃의 이웃까지 용서하게 될 것이다. 정의는 비뚤어지고, 그로 인해 죄악이 창궐하게 된다. 나의 병사들조차 혼란 속에서 피 흘리게 되겠지. 살육을 저질러도 상관에 대한 존경심이 있으므로 너에게서 풀려날 것 아니냐. 정의에 대한 어쭙잖은 너의 사랑은 결국 제국의 근본을 무너뜨리는 쥐새끼와도 같은 결과를 낳고야 말 것이다. 너는 순경의 자격이 없는 인간이다."

자신의 배를 만든 사람들

드디어 나에게 승리가 다가왔다. 밤을 거쳐 광명으로, 소음을 넘어 성전의 고요함으로, 무미건조한 작시법을 벗어난 뛰어난 시詩로, 균열과 파괴를 지나쳐 아름다운 정경이 보이는 산꼭대기로 나의 백성들을 도달시키고야 말았다.

여기에 이르기까지의 과정은 나에게 중요하지 않았다. 왜냐하면 나는 비상을 동경하는 유충의 낭만 따위를 좋아하지 않기 때문이다. 그 과정에서는 인내와 불안으로 가슴이 쓰리지 않았던가. 당시에 가로질러야 했던 사막의 고독은 또 얼마나 외로웠던가.

그대는 가슴속에 품은 기쁨의 보물들을 결코 만지지 못한다. 그 빗장은 시간이 되어야 열리게 마련이니까. 순간의 기쁨은 강렬하겠지만, 진정한 기쁨의 열매는 그대의 마음대로 되는 것이 아니다. 때문에 그대의 배가 완성되었다면 함부로 노래를 부르지 말라. 다만 그 과정에서 땀흘린 목수와 일꾼들에게 꽃을 바쳐야 한다. 아무리 윤이 나는 판자와 쇠못들이 있다 해도 그들의 손을 거치지 않고는 아무 의미도 없었으리라. 그들로 인해 비로소 그대의 배는 앞으로 나아가 아름다운 물결을 만들어 낸다. 이제 그대는 진정한 오솔길로 나아가게 되었다. 물의 꿈을 꾸며 죽어가는 사람이 아니라 다양성과 영양을 갖춘 충만감으로 미소지을 수 있다. 그것이 바로 승리자의 온전한 수확이다.

해방의 아침

드디어 날이 밝았다. 나는 언덕 위에 올라가 맑은 바람을 들이마시며 기도를 올렸다.

"신이여, 해방의 아침이 왔습니다. 저는 여기서 하프를 연주할 준비가 되어 있습니다. 이제 도시와, 종려나무와 옥토와 오렌지 나무 등이 하나의 운명으로 합쳐졌습니다.

이 도시의 오른편에는 널따란 항구가 있으며, 왼편에는 사막의 한 켠으로 푸른 산맥들이 축복의 빛깔로 도열해 있습니다. 이제 제국은 새로운 성채를 건설하고 사막을 옥토로 만들 것입니다. 시간 속에 씨앗은 삼나무 뿌리로 굳건해질 것입니다. 이제 저의 성채를 세울 것입니다. 있는 그대로의 이 상태에서, 사랑을 가지고 일구어가렵니다. 저는 당신에게서 나왔습니다. 이 찬란한 해방의 아침, 저는 나무들을 향해 발길을 옮기는 정원사가 된 기분입니다."

그동안 나는 온갖 노여움과 쓰라림, 혐오와 복수의 욕망 속에서 성난 인간들의 유혹을 경험했다. 반란과도 같이 뒤죽박죽이었던 나의 군대에게서, 명령이 지켜지지 않던 패배한 전투의 치욕 속에서, 신도들을 폭력으로 가둬놓던 미치광이 예언자들에게 미치지 못하던 내 권력의 무력감

속에서……. 하지만 제국은 살아 있다. 내가 그 타락의 와중에서 공범자들을 탓해 죄다 목베었다면, 내가 그들의 게으름이나 무능함, 어리석음까지 죄다 심판했다면 나는 제국의 가장 훌륭한 사람들까지 잃는 우를 범했을 것이었다.

인간에게서 병들기 쉬운 것들을 소멸시키기는 쉽다. 그러나 그 파장은 비옥한 토양을 지독하게 오염시키는 결과를 가져온다. 나의 고통과 고독과 슬픔은 하나의 씨앗을 깨우기 위한 재료였다. 오류를 범하는 자를 처단하는 것이 창조를 돕는 길은 아니다. 창조는 실패의 자식이기 때문이다.

'나의 진리는 나무다. 그러므로 나는 정원사다.'

나는 증오를 멸시하는 사람이다. 그것은 너그러움 때문이 아니다. 만물 속에 현존하는 신, 당신에게서 나온 제국이 매순간 내 안에 살아 있기 때문이다. 그리하여 나는 언제나 새롭다. 지금도 나는 내 아버지의 가르침을 기억하고 있다.

"대지가 씨앗을 가지고 삼나무가 아닌 채소를 빚어낸다고 해 불평을 늘어놓는 것은 우스운 일이다. 그 씨앗은 채소의 씨앗일 테니까."

"어느 사팔뜨기가 소녀에게 미소를 보냈다. 그러자 소녀는 그를 외면하고 눈길이 바른 사람들에게로 돌아섰다. 이에 사팔뜨기는 눈길이 바른 사람들이 소녀를 타락시키고 있다고 소리소리 지르면서 가버렸다."

새 날

나는 그대의 마음속에 우정을 심어놓고 싶었다. 더불어 이별의 슬픔까지도. 아내와의 이별, 친구와의 이별까지도……. 그대가 이별의 고통으로 마음 아파할 때마다 나는 또 생존에 대해 속삭여주고 싶었다. 샘물이 없는 세계보다는 그래도 갈증 때문에 죽어가는 사람이 있다는 것, 그것이 내게는 좀더 인간적인 현실이다.

그대가 시장에 갈 때, 아내를 포옹하면서 느낀 사랑의 감정을 기억하라. 아내는 미소지으며 그대를 배웅하고는 콧노래를 부르며 집안 일을 하리라. 그리곤 이렇게 중얼거리기도 할 것이다.

"너무 일찍 돌아오시면 안 되는데……. 지금 나를 사로잡고 있는 기쁨이, 당신을 기다리는 이 행복이 조금만 더 지속되면 좋을 텐데."

그대여, 일하라. 땀흘려라. 한가로울 때보다도 그대는 훨씬 더 아내를 사랑하게 되리라. 그리하여 그대는 아내에게 집을 온전하게 맡기고, 가고자 하는 먼 곳의 결혼식이라든지 그동안 소원했던 친구에 대해서도 열중할 수 있을 것이다. 깨어 있는 지금, 그대는 당나귀의 방울소리를 들으며 마음 안에 넘치는 기쁨으로 미소지으리라. 태양도 한껏 우러러볼 수 있으리라.

나의 별에 다다라

 신이여. 저는 최선을 다해 백성들을 가르쳤습니다. 그리고 이젠 제 자신을 위해 기도 드립니다. 그동안 당신께서는 사람들의 고뇌를 죄다 제게 맡기셨습니다. 그리고 온갖 풍문들의 의미를 깨달을 수 있도록 제게 침묵의 지혜를 주셨습니다. 그렇지만 저는 주기만 했지 받은 것이 없었습니다.

 저는 왕이고, 사람들의 피로 이루어진 제국이 제 안에 있으며, 그것이 피의 대가를 제가 치러야 하는 까닭이었습니다. 저의 미소가 어느 보초병을 도취시킬 수 있었을 때, 저는 그 보초병의 미소 안에서 무엇을 얻었겠습니까. 하지만 저를 위한 사랑을 당신께 간청하지는 않겠습니다. 저의 모든 행동은 당신을 향한 길이기에 그들이 저를 무시했든 증오했든 이젠 아무런 상관이 없습니다.

 아아! 이제 홀로 있다는 피로감이 저를 엄습합니다. 순수란 이토록 멀리 있는 걸까요? 그러나 저는 초월함으로써 이루었습니다. 완성 안에서 백성들의 영혼을 아름답게 가꾸었습니다. 이곳이 바로 나의 별이 되었습니다.

 이제 저는 오랜 세월 동안 맞서 싸웠던 적수를 위해, 도시의 늙은 정원사가 친구에게 대하듯 이렇게 말할 수 있습니다.

'오늘 아침 내 정원에는 장미꽃이 활짝 피었다네.'

그렇습니다. 신이여, 당신은 우리의 척도입니다. 모든 행위의 본질입니다. 삶의 매듭입니다.

| 엮 은 이 의 말 |

    이 책은 생텍쥐페리 최후의 작품이며 미완성으로 남겨져 있는 소설 『성채Citadelle』를 원작으로 편역된 작품이다.
    이 작품은 생텍쥐페리의 다른 작품에 비해 매우 난해해 과연 생텍쥐페리의 작품인가 의구심을 품은 학자들도 많았다. 소설이라고 하기에는, 일정한 스토리도 없고 표현이 거칠면서도 일관성이 부족하다는 게 주된 이유였다. 하지만 나는 이 책 안에서 생텍쥐페리의 어린 왕자를 만났다. 그가 오랜 여행 끝에 지구에서 여우를 만나고 뱀을 만나 마침내 사랑을 깨닫고 장미꽃에게 돌아가는 것처럼 베르베르의 왕은 자신의 백성들이 창조적인 삶, 초월의 삶을 살아갈 수 있도록 그들을 신비한 성채로 인도하고는 역시 자신의 별로 돌아가는 것이었다.
    어린 왕자는 보다 어른스런 눈으로, 아니 하나의 절대자로 지상의 인간들과 이야기를 나누고, 그 안에서 깨달은 모든 것을 우리에게 되돌려주고 있다.

베르베르의 왕은 더 이상 어린 왕자가 아니었다. 세상을 보고 삶을 보고 자신의 별만이 아닌 이 척박한 지구에서도 장미꽃이 피어난다는 사실을 알려주는 따뜻하고도 엄격한 왕이 되어 있었다. 그러므로 생텍쥐페리는 끝내 이 작품의 종장을 맺을 수 없었는지도 모른다.

생텍쥐페리, 과연 그가 꿈꾸던 완전한 삶이란 무엇일까? 그가 우리에게 지어주고 싶었던 가장 튼튼하고도 성스러운 성채는 무엇이었을까? 그 완전한 해답을 글 속에 감춘 채 생텍쥐페리는 애기愛機와 함께 지중해의 푸른 빛깔 속으로 스며들었고, 나는 그가 남긴 최후의 메시지 『성채』의 벽돌 몇 장만 힘겹게 들어 보이고 있다. 베르베르의 왕이여, 부디 자비를…….

생텍쥐페리는 창공을 가로지르는 환상가이자 모험가로, 또 스페인 내전과 2차대전의 포연 속에서 몸을 아끼지 않은 행동인으로, 그리고 독특한 자신만의 세계를 형상화시킨 소설가로 잘 알려져 있다. 그런 생텍쥐페리의 작품 중에서 『성채』는 최고 · 최후의 유작이다.

그의 대표작으로 알려지고 있는 『어린 왕자』에 나오는 장미꽃이 아내인 콘스엘로 순신을 은유하듯 생텍쥐페리의 작품들 중 대부분은 그 모티브가 그의 삶 속에서 발견된다. 물론 이 작품도 예외는 아니다.

생텍쥐페리는 언젠가 동료들과 함께 비행기를 몰고 아프리카 대륙을 횡단하던 중 엔진 고장으로 사막에 불시착하는 사고를 당한 적이 있었다. 그리하여 닷새 동안 먹지도, 마시지도 못한 채 생사의 기로를 헤매다가 극적으로 유목민 베두인족 대상에게 구출되었다.

그때 생텍쥐페리는 자기를 구원해준 베두인 대상의 얼굴에서 인간의 모습을 보았고 사해동포주의의 필요성을 절감하게 되어, 그를 모델로 이 작품을 쓰게 되었다고 전해진다. 『성채』의 원제목이 애당초 '베르베르의 왕국'이었고, 이후 '우두머리'라는 제목으로 바뀌었음을 보면 능히 짐작할 수 있는 일이다.

이 책은 1995년 『나를 찾아 떠나는 여행』 시리즈의 1권으로 출간되었는데, 2005년 도서출판 들녘에서 『내마음의 성채』로 다시 태어나게 되었다.

  방대한 내용을 독자들이 이해하기 쉽게 엮으려 했지만, 그만큼 원작자의 뜻이 훼손되었음에 삼가 사죄를 드리는 바다. 그에 대한 책임은 전적으로 엮은이에게 있음을 밝힌다.